SüdOst Verlag

Bibliografische Information der Deutschen Nationalbibliothek

Die Deutsche Nationalbibliothek verzeichnet diese Publikation in der Deutschen Nationalbibliografie; detaillierte bibliografische Daten sind im Internet über http://dnb.dnb.de abrufbar.
ISBN 978-3-86646-792-7

Dem Präsidenten des Deutschen Lehrerverbandes
Josef Kraus gewidmet

1. Auflage 2017
ISBN 978-3-86646-792-7

www.gietl-verlag.de

Schultafel: pixabay.com, Kind: Created by Yanalya – Freepik.com, Grünes Muster Hintergrund: Created by Freepik, Buchstapel: Created by Pressfoto – Freepik.com

ÜBER DIE AUTOREN

Helmut Zöpfl ist ein waschechter Münchner. Seine Mitgliedsnummer beim FC Bayern ist zweistellig, und zweistellig ist auch die Zahl der Jahre, in denen er Lehrstuhlinhaber für Schulpädagogik war: 32. Davor hatte Zöpfl klassische Philologie, Philosophie und Pädagogik und Katholische Theologie studiert, danach, und das ist nicht gerade alltäglich, promovierte er mit über 60 Jahren in Biologie. Zöpfl vertrat die Belange der Schüler in mehreren pädagogischen Kommissionen und gestaltete viele Jahre lang Lehrpläne mit. Bekannt wurde Helmut Zöpfl auch durch seine publizistische Tätigkeit. Neben zahlreichen wissenschaftlichen Arbeiten verfasste er auch mehrere Schriftenbände und Kinderbücher sowie einige Gedichtbände in der Mundart seiner Heimat. Die Auflage, die seine Bücher erreicht haben, ist siebenstellig.

Mathias Petry. Journalist, Autor und Musiker aus dem Landkreis Pfaffenhofen, ist Helmut Zöpfl über die Jahre immer wieder begegnet. Sowohl in seiner journalistischen Arbeit beim Donaukurier, in zahlreichen Buchbeiträgen als auch in seinen Romanen greift er gesellschaftliche Themen immer wieder auf.

ES GEHT LOS!

So, Herrschaften, Platz nehmen!

Stellen Sie jetzt bitte alle Gespräche ein, es ist Zeit für eine pädagogische Leerstunde unter der Überschrift »Zurückbleiben, bitte!« Auf dem Zug, in den wir nun alle einsteigen, steht: »Deutschland, deine Bildung!«
Also Ruhe bitte und bleiben Sie nicht zurück!
Dankeschön.

Sie glauben, wir hätten uns verschrieben?
Kann ja schon mal vorkommen, in einem Land, in dem heutzutage immer weniger Menschen ihre eigene Sprache noch fehlerarm schreiben können, nicht wahr?
Also, das ist schon so gemeint, mit der pädagogischen Leerstunde, man muss schließlich mit der Zeit gehen. Wissen Sie, Lehrstunden sind ja so was von out, im postfaktischen Zeitalter.
Leeren statt lehren – da tut man wenigstens etwas Sinnvolles.
Alles muss raus, statt alles muss rein.

Wie – Sie empfinden das als Provokation? Weil Sie zufällig selbst Teil des Bildungssystems oder darunter Leidender sind? Dann seien Sie erst recht willkommen!
Ach, Sie wissen gar nicht, was das sein soll, eine Provokation? Dann machen Sie gefälligst endlich Ihr Smartphone aus! Na, jetzt sind Sie sauer, wie? Das passt Ihnen nicht, oder?

Aber wir verstehen Sie.
In Zeiten, in denen uns sehr gern vorgegeben wird, was wir zu denken haben, ist es gar nicht mehr so einfach, sich provozieren zu lassen. Gehören Sie etwa auch schon zu denen, die das nicht mehr in

der Schule gelernt haben? Schon klar: Provokation kann man nicht ankreuzen, in einem Multiple-Choice-Test.

Und was tut man, wenn man mit Gedanken konfrontiert wird, die nicht in die Norm passen? Landläufig sind in solcherlei Fällen folgende Reaktionen üblich: a) den Kopf in den Sand stecken und möglichst nichts sehen, nichts hören, nichts mitbekommen – oder b) sofort einen Shitstorm bei Facebook lostreten, idealerweise, ohne sich damit beschäftigt zu haben, worum es überhaupt geht, was hinter der Provokation steckt und ob sich dabei jemand etwas gedacht hat.

Wir verraten Ihnen jetzt mal was: Es gibt noch mehr da draußen! Und wenn Sie ganz viel Glück haben, dann werden Sie womöglich herausfinden, dass diese pädagogische Leerstunde gar keine Leerstunde ist.
Aber pssst, nicht weitersagen!
Wir wollen ja niemanden verschrecken!

Also bleiben Sie bei uns, lesen und staunen Sie.

Wir beginnen am besten mit Stühlerücken. Stühlerücken, das ist sehr beliebt in unserer Gesellschaft, und fast so sinnentleert wie lehren. Heute machen wir zur Abwechslung mal sinnhaftes Stühlerücken und bilden einen Stuhlkreis. Damit derjenige, der heute fürs Leeren, nochmals Pardon, fürs Lehren zuständig ist, nicht einsam vorn am Pult stehen muss, sondern sich mitten unter uns befinden kann: Prof. Dr. mult. Helmut Zöpfl. Er referiert nämlich nicht nur, er antwortet auch auf unsere Fragen.
Ja, Sie haben richtig gelesen: Fragen. Fast wie bei Siri. Oder Google.

Helmut Zöpfl ist eine Münchner Institution. Er hat sich diesen so gar nicht zweifelhaften Ruf unter anderem deshalb erworben, weil er dazu bereit ist, anzuecken. Weil er sich traut, für seine Ansichten

einzutreten, auch wenn er weiß, dass sie womöglich auf Widerstand treffen. Oder gerade, weil er weiß, dass sie auf Widerstand treffen.
Ja, Helmut Zöpfl ist jemand, der den Mund aufmacht. Wenn er den Mund aufmacht, dann hat er etwas zu sagen. Und er hat keine Angst vor den Konsequenzen.

Im Anschluss an seine Lehrtätigkeit als Pädagogikprofessor an verschiedenen Universitäten hatte sich Helmut Zöpfl lange Jahre auf die schönen Künste verlegt, sehr zur Freude vieler Tausender Fans seiner Texte, seiner Gedichte, in denen er sich mit dem Leben und dessen unendlichen Facetten beschäftigte. Seine Bücher sind in Millionenauflage verbreitet.
Lange hat er zugeschaut, was auf dem Gebiet passiert, auf dem er ein Berufsleben lang tätig war. Helmut Zöpfl ist Schulpädagoge. 1963 promovierte er, 1971 übernahm er den Lehrstuhl für Schulpädagogik an der Ludwig-Maximilianeum-Universität in München, lehrte später auch in Salzburg und Eichstätt. Ab Mitte der 70er-Jahre arbeitete er am Grundschullehrplan mit.
Kurz: Er ist vom Fach.
Jetzt, mit 80 Jahren, sieht er den Zeitpunkt für gekommen, sich wieder einzuschalten, in eine Debatte, der er nicht länger nur zuhören mag.
Nicht länger nur zuhören kann.
Es gibt dafür Gründe.

Denn wir leben in merkwürdigen Zeiten.
Immer mehr Menschen bewegen sich zeitgleich in zwei Welten, in der analogen und der virtuellen. Früher hätte man so etwas womöglich schizophren genannt.
Heute ist es normal, dass Autofahrer, die in der realen Welt das Lenkrad ihres Fahrzeugs mit dem linken Oberschenkel kontrollieren, damit sie die Hände fürs Smartphone frei haben, um die Post zu lesen, virtuelle Monster zu jagen, nebenbei noch das Navigationssystem

programmieren und billigend in Kauf nehmen, vor lauter Ablenkung Entgegenkommende in den Tod zu schicken, im Zweifel auch sich selbst – und gar nicht selten kommt es dazu.
Vernünftig?
Eher nicht.
Aber normal.

Das passt zu einer Welt, in der ein uraltes Prinzip aus der Zeit der alten Römer bis heute gilt: »Brot und Spiele«.
Wie?
Ja, Sie haben das schon richtig erkannt: Das war wieder so eine Provokation!

Wie, Sie finden, so was darf man nicht laut sagen? Dass unsere aufgeklärte Gesellschaft des 21. Jahrhunderts so leicht zu steuern ist wie die Bürger Roms, die einst im Kolosseum mit einer einfachen Daumenbewegung über Leben und Tod entschieden? Stimmt's etwa nicht?
Papst Franziskus spricht es seit Langem schon aus: Die Welt in der Mitte des zweiten Jahrzehnts des neuen Jahrtausends sei im Krieg. Wer weiß, vielleicht wird diese Phase tatsächlich einmal als Dritter Weltkrieg in den Geschichtsbüchern stehen. Es kracht an allen Ecken und Enden unseres Planeten, nur ausnahmsweise einmal nicht ganz so heftig bei uns, in Mitteleuropa. Wir Deutschen haben ja im Geschichtsunterricht gelernt, dass wir bei Weltkriegen üblicherweise eine zentrale Rolle spielen. Komisch, wenn gerade mal andere dran sein sollen. Wo bleibt denn da unsere narzisstische Gratifikation, wenn die Musik ohne uns spielt?

Aber die Bilder einer zerstörten Stadt, die man zum Jahresende 2016 aus Aleppo sehen konnte, unterscheiden sich nicht wirklich von denen, die wir in schwarzweiß aus der Zeit um 1945 permanent über die Nachrichtenkanäle in Form von Dokumentationen auf die heimischen Flimmerkisten-Flatscreens geschickt bekommen. Allerdings ist Syrien weit weg, nicht wahr? Selbst wenn mittlerweile in der Nachbarschaft etliche Syrer eingezogen sind, und – man hört diesen Hinweis ja immer wieder – ausgerechnet überwiegend Männer. Darf man nicht sagen, so was, gell?

Upps, das war jetzt ein Fettnäpfchen.
Fettnäpfchen – so nannte man das früher, wenn man unversehens ein Fass aufmachte, das besser geschlossen bleiben soll. Beziehungsweise – wer sagt eigentlich, dass es besser ist, wenn bestimmte Fässer geschlossen bleiben? Ach richtig – Konflikte mögen wir ja nicht, in unserer Gesellschaft.
Wir suchen den Konsens.
Wir haben den Kompromiss ja längst zum Ideal erhoben. Wir sind hier angekommen: Lieber Mittelmaß als Königsweg. Man will sich keinesfalls zu nahetreten, gell?

Jedenfalls: Ehe alles zu schlimm wird, ehe uns die kriegerischen Auseinandersetzungen der Welt und der Rechtsruck in Europa selbst tangieren – rein emotional, versteht sich – ist es doch schön, wenn uns ab und an so etwas wie »Pokémon go« vorgesetzt wird und uns auf andere Gedanken bringt, nicht wahr? Das ist dann auf einmal wichtiger als alles andere, wenn auch nur für eine begrenzte Zeit.
»Pokémon go« – ein Gruß aus der virtuellen Welt zur Beruhigung der analogen. Die analoge Welt ist das, was man früher einmal Leben nannte. Leben. Sie wissen schon: Wo der Wind, der einem ins Gesicht bläst, noch nicht dem PC-Lüfter oder der Klimaanlage entstieg.
»Pokémon go.« Oder anders gesagt: Brot und Spiele.
Oder, wie wir Humanisten sagen: panem et circenses.

Der Satz stammt übrigens vom römischen Dichter Juvenal, und er war durchaus als Satire gemeint. Brot und Spiele, das war für diejenigen gedacht, die sich nicht für Politik interessieren. Und weil wir

Sie vorhin gebeten haben, Ihr Smartphone auszuschalten, sei an dieser Stelle der entsprechende Wikipedia-Eintrag zitiert: Juvenal zeigte dem Volk zu Zeiten der Kaiser Augustus und Tiberius auf, dass es sich nicht mehr für Politik interessiere, sondern sich mit Brot und Spielen abspeisen lasse.

Was wieder einmal belegt, dass sich Geschichte dann doch wiederholt. In jedem Fall bei – um auch einige Beispiele aus der analogen Welt anzuführen – Fußballeuropa- und -weltmeisterschaften, in Teilen auch während der Olympischen Spiele.
Das sind nämlich die idealen Gelegenheiten, um unbequeme Gesetze zu erlassen. Weil's dann keiner merkt. Brot und Spiele sind nämlich viel appetitlicher als Abrüstung oder Aufrüstung.

Und wenn einer der modernen Despoten die Nachrichten zu sehr beherrscht, kann man immer noch hoffen, dass demnächst Fußballeuropa- oder Weltmeisterschaft ist. Dann finden die Despoten nämlich nicht mehr in den Nachrichten statt, und was in den Nachrichten nicht stattfindet, das passiert auch nicht.
Alternativ würde höchstens noch helfen, dass sich Michael Schumacher wieder soweit erholt hat, dass er sich via Facebook an seine Fans wendet, und er ist ja auch Teil des Brot-und-Spiele-Systems, der sportlichen Wertschöpfungsindustrie nämlich.
Wetten, dass dann jegliche Abschlachtungen, Raketenabwürfe und andere militärische Wichtigtuereien, Beamtenentmachtungen, Journalisteneinsperrungen, UN-Resolutionsübergehungen oder auch griechische Milliardenkredite von einer Sekunde auf die andere keinerlei Rolle mehr spielen?
Alles, was wir nicht hören wollen, weil es nicht ins für uns vorgesehene Schema passt, ist einfach nicht mehr existent.

So ist das mit dem Brot und mit den Spielen.

Sie sehen: Man könnte fast meinen, seit den alten Römern hätte sich gar nicht so viel geändert.

Ganz so ist es aber doch nicht.

Beispielsweise galt es damals als hilfreich, Göttern ab und an etwas zu opfern. Lämmer, Ziegen und bisweilen auch ein paar Menschen, um zu besänftigen, was man nicht verstand.
Heute könnte man im Zweifel die furchterregenden Dinge googeln und bei Wikipedia nach »Blitz« und »Donner« suchen, wenn es draußen angsteinflößend leuchtet, scheppert und kracht. Wer des Lesens noch mächtig ist, wird begreifen, dass man womöglich doch keine Götter erzürnt hat.
Und schon darf Oma weiterleben. Oma muss nicht geschlachtet werden, um Götter zu besänftigen.
Wie schön!
Noch mal Glück gehabt.
Wir lernen: Die virtuelle Welt kann manchmal Menschenleben retten.

Aber ist das nicht verrückt?
Nie hatte die Menschheit mehr Zugang zu Bildung als heute. Das kollektive Wissen der Welt, es steht im Internet zur Verfügung, man muss nicht einmal mehr mit einer Maus klicken. »Okay Google« oder »Siri« – so wenige Worte reichen aus, um sich von der virtuellen Welt alles erklären zu lassen, was man in der analogen braucht, um zu überleben und noch viel mehr.
Wer zaubern lernen will oder Gitarre spielen oder stricken oder mongolischen Obertongesang, der sieht sich bei Youtube einfach einen Lehrgang an, und dann muss man nur noch ein bisschen üben.
Wer seine Gartenbeleuchtung für Weihnachten aufpeppen möchte, bekommt auch das gezeigt, und wer einen Molotowcocktail benötigt oder eine Atombombe, wird nach ein paar Mausklicks auf eine nach-

vollziehbare Bauanleitung stoßen. Das angereicherte Uran kann man dann vom Paketservice frei Haus liefern lassen, selbst wenn es auf uran.de gerade keinen Webshop gibt, was eigentlich zu erwarten gewesen wäre. Demnächst auch per unbemannter Drohne, womöglich direkt aus Nordkorea. Und ganz hervorragende Pfannkuchenrezepte gibt es auch.
Es ist alles da.

Aber: Wenn so viel Wissen zur Verfügung steht – wissen wir deshalb auch mehr?
Offensichtlich nicht.
Firmen beklagen das sinkende Bildungsniveau von Schulabgängern. Bologna gilt für viele als gescheitert – Klammer auf: Wer's grad nicht mehr im Hinterkopf hat: bitte einmal »Okay Google« sagen. Es war wohl doch keine ganz so gute Idee, das universitäre Lehren in starre Schemata zu pressen, es zu normen, den Grundgedanken der universitären Bildung, die man sich selbst erarbeitet, aufzugeben. Oder es war genau so gewollt. Klammer zu.

Jedenfalls lässt die geistige Brillanz hinter dem Label »Made in Germany« eher nach, als dass sie gedeiht, wenn man Aussagen von Personalchefs, Firmeninhabern, der Medien hört.
Und warum?
Weil in einer genormten Welt nur das sein kann, was im vorgegebenen Schema vorgesehen ist.

Ist ja auch logisch: Wer seine ganze Ausbildung lang nur gelernt hat, Wahlmöglichkeiten auf Multiple-Choice-Bögen anzukreuzen, wird nicht leicht Wege zu eigenständigem Denken entwickeln, kreative Lösungen aushecken oder gar querdenken erlernen.
Man könnte fast meinen, dass Querdenken in unserer Gesellschaft nicht mehr vorgesehen ist.
Querdenken!

Um Himmels Willen!
Da könnte ja Kreatives, Neues entstehen!
Wer will denn das!
Wer weiß, was da am Ende rauskommt!
Am Ende müssen wir doch noch Oma schlachten!

Spannend, wenn man darüber mit Helmut Zöpfl redet, einem Mann, der die 68er Jahre an Universitäten verbracht hat, der sich intellektuell mit den Linksintellektuellen gerauft hat.
Helmut Zöpfl erinnert in solchen Situationen gern an einen Test, der ihm einmal zeigte, was Normiertheit anrichten kann.
Der geht so: Der Schüler sieht ein großes und ein kleines Kind sowie ein großes und ein kleines Paket. Die Aufgabenstellung: Ordne die Objekte richtig zu.
Die Lösung lautet: großes Paket zum großen Kind, kleines Paket zum kleinen Kind. Ein Schüler macht es verkehrt. Als er gefragt wird, was das sollte, antwortet er dies: »Das kleine Kind ist meine Schwester. Sie hatte gestern Geburtstag und bekommt deshalb das große Paket.«
Wer hat nun recht? Der Test oder der Schüler?

Blöd für den Schüler: Soziale Intelligenz, Empathie, Kreativität – all das ist in unserer normierten Welt nicht vorgesehen. In einem Multiple-Choice-Schema ist kein Platz für Gefühle, für Menschlichkeit, für das, was Leben ausmacht.

Oh bitte, werden Sie jetzt sagen, bitte bleiben Sie doch sachlich. Seien Sie nicht so larmoyant und – bitte nicht so süffisant.
Schon recht.

Aber es ist so: Was nicht in eine Excel-Tabelle passt, hat keine Excel-, Pardon: Existenzberechtigung.
Das ist längst eine Wahrheit geworden.

Und wissen Sie, was das eigentlich Schlimme ist? Es regt sich kaum noch jemand drüber auf.

Wie denn auch?
Schüler, denen ihre gesamte Jugend hindurch eingetrichtert wurde, dass sie eh einmal der Altersarmut anheim fallen werden, dass sie keinerlei Aussicht auf einen entspannten Lebensherbst haben, dass sie sich angesichts der demografischen Entwicklung nichts auszurechnen brauchen außer Not und Leid, haben eines verinnerlicht: Nur, wenn wir funktionieren, kommen wir vielleicht doch durch. Funktionieren heißt für sie: gehorchen. Brav sein. Sich anpassen. Sie haben es längst gelernt: Am Ende gewinnt bei uns das Mittelmaß. Nicht die Elite.
Aber wenn die Elite nicht gewinnt, lohnt sich dann noch Leistung? Wegducken schlägt Brillanz – sind wir schon soweit?

Hände hoch – wer erinnert sich noch an Daniel Küblböck? Die meisten werden ihn kennen. Daniel Küblböck war der Star bei »Deutschland sucht den Superstar«, einem der erfolgreichsten Fernsehformate der vergangenen eineinhalb Jahrzehnte.
Wahrscheinlich kein Bildungsfernsehen.
Aber war er, der allererste Star der Mega-Show, damals auch der Gewinner? Nein, war er nicht. Küblböck wurde nur Dritter.
Oder das Showformat »Big Brother«, das einst selbst von den deutschen Leitmedien wahrgenommen wurde – ein Name blieb im kollektiven Gedächtnis derer, die die Premiere seinerzeit miterlebten: Zlatko.
Zlatko war der Mann, der von den Medien zum Sinnbild des bildungsfernen Zuwanderers stilisiert wurde, weil ihm zu Shakespeare nur wenig Sinn Bringendes einfiel. Zlatko schaffte es in aller Munde, ein Star war geboren.
Und? Hat er damals »Big Brother« gewonnen? Natürlich nicht.

Ebenso diejenigen nicht, über die sich im RTL-Dschungelcamp ein Viertel der Nation tagelang weidlich das Maul zerrissen hat. Wer die Trash-TV-Fans aufs Beste unterhielt, wurde zeitnah rausgewählt – und als sie raus waren, schimpfte das Volk, wie langweilig das Dschungelcamp sei.
Gewonnen haben so gut wie nie die Stars, sondern immer die, die sich möglichst lange wegduckten und dann vielleicht ein, zwei Big Points spielten.

Wir lernen: Wer nicht negativ auffällt, tut sich in unserer Gesellschaft leichter als derjenige, der etwas riskiert.

Das gilt im Übrigen nicht nur für Fernsehshows, die man nicht gesehen haben muss, die aber Teil der »Brot und Spiele«-Wirklichkeit sind. Das gilt auch im wahren Leben. Auch in Firmen ist das so.
Da gibt es viele, die nach folgendem Prinzip arbeiten: Wer nichts entscheidet, kann auch keinen Fehler machen. Tatsächlich ist diese Haltung grundfalsch, aber man kommt unglaublich lange damit durch.

»Agieren statt reagieren« wäre das weit bessere Prinzip.
Allerdings kann man zwar einerseits viel gewinnen, man kann aber eben auch Fehler machen. Dazu passt, dass Skat eines der beliebtesten Spiele der Deutschen ist – auch da gewinnt, wer die wenigsten Fehler macht. Beim Schafkopf, einer nicht so verbreiteten Variante, kann man mehr gewinnen, wenn man auf Angriff spielt.

Wir lernen also, was wir besser nicht lernen sollten: Mittelmaß ist oft erfolgreicher als Brillanz.

Dazu passt, dass es mittlerweile keine Subkultur mehr gibt. Keine 68er, keine Blumenkinder, kaum noch Punks.
Wo sind sie, die Waver, die Mods, die Rastafaris? Übrigens: Die Autokorrektur gängiger Textverarbeitungsprogramme kennt solche

Wörter schon gar nicht mehr, so unbedeutend sind sie geworden. Probieren Sie es ruhig einmal aus, wenn wir hier fertig sind. Nein, jetzt nicht! Die Smartphones bleiben aus!

Die nahezu einzige Subkultur, die optisch aktuell noch erlebt werden kann, ist das Tätowieren. Nachdem sich in Deutschland allerdings längst jeder Vierte seinen Körper bemalen lässt, ist das genau genommen keine Subkultur mehr, sondern Alltag. Nicht kultig, schon gar nicht aufsässig, sondern wieder Norm.
Normal.
Alles genormt.
Gescheduled.

Verdammt, wie kommt man aus dieser Nummer bloß wieder raus? Nicht so einfach, weil die analoge Welt so normiert wird, dass sie mit der virtuellen Welt im Einklang funktioniert. Es sollte umgekehrt sein, ist es aber nicht.

Wer das System so durchschauen will, dass er es verändern kann, wer an dieser globalen Doppelmatrix, die für zwei Welten gelten soll, schrauben möchte, braucht nicht nur Bildung. Er braucht auch die Fähigkeit, nicht normiert zu denken. Er braucht Kreativität, Inspiration. Er braucht Mut und Exzellenz.
Wo ist dafür der Platz in der Excel-Tabelle?
Wie soll es dazu kommen, wenn in den Schullehrplänen heute Kompetenz im Mittelpunkt steht, und nicht mehr Fähigkeit?

Wie kann es Exzellenz geben, wenn Eliten als verpönt gelten, weil doch jeder die Chance haben soll, Abitur zu machen?
Oh, schon wieder jemandem auf die Füße getreten? Entschuldigung!
Wie konnte das nur wieder passieren!
Neinnein, das Abitur ist etwas ganz Tolles, auch wenn heutzutags ein Drittel eines Jahrgangs eine Eins vor dem Komma hat! Früher waren

die Leute nur dümmer, natürlich! Oh, und schon wieder jemandem zu nahe getreten, diesmal den Abiturienten von früher.
Diese political correctness ist ja so was von fordernd. Und wenn man halt ein altes, überholtes, gestriges humanistisches Gymnasium besucht hat, wenn man damit so was von ewig gestrig ist ...

Aber im Ernst: Bildung galt einst in Deutschland als einer der bedeutendsten Schätze.
Heute leben wir in einem Land, in dem, um endlich den Bogen vom Anfang zu bekommen, die meisten ihre eigene Sprache nicht mehr korrekt schreiben können. Smileys und Emoticons, die können alle. Aber Heinrich Böll und Ulrich Plenzdorf sind schon halb vergessen. Immerhin sind Heidi Klums Topmodels noch da.
Was die damit zu tun haben? Nun, Böll & Co. haben einst die Normen unserer Welt kommentiert, Klum & Co. geben heute die Norm vor. So hat jeder zu seiner Zeit seinen Einfluss auf die Gesellschaft. Manchmal bringt Einfluss die Gesellschaft weiter, und manchmal ...

Es ist so: Wer sich gegen die Norm stellt, geht ein Wagnis ein. Im Zweifel fällt man heute durchs Raster. Wir haben zwar die Freiheit, eine eigene Meinung zu haben (solange sie nicht auf Fakten basiert – Achtung, das war jetzt Ironie, bitte googeln Sie nachher mal das Wort Ironie), sie auch auszusprechen, ist dagegen etwas ganz anderes.

Das einstige Land der Dichter und Denker, es nähert sich dem sprichwörtlichen japanischen Gesicht, an dem sich keine Emotion mehr ablesen lässt.
Wir haben immer gleich zu sein, dann wird alles gut.
Und das mit den Dichtern und Denkern, das lassen wir mal lieber, oder?
Sturm und Drang?
Passt nicht so gut in eine Excel-Tabelle.

Nun aber genug der Vorrede.
Lassen wir endlich denjenigen zu Wort kommen, wegen dem Sie dieses Büchlein gekauft haben: den früheren Hochschullehrer Helmut Zöpfl.
Einen Mann aus einer Zeit, als Querdenken noch ein Wert war und nicht verdächtig. Als man sich noch um etwas stritt, statt nur auf sachliche Weise einen Konsens zu suchen.
Einer, der gern – Du meine Güte! – auch mal voller Wonne grantelt.
Einer, der sich ärgert.
Einer, der auch mal Dampf ablässt.
Ganz schön gesund, das.
Und lehrreich!

Mathias Petry

ZUR SACHE, HERR ZÖPFL!

Beginnen wir nun aber endlich mit unserer pädagogischen Leerstunde. Reden wir über das, was Helmut Zöpfl bewegt, um uns der Thematik anzunähern.

Wir setzen uns dazu also in einem Stuhlkreis zusammen und tasten uns behutsam an die Materie heran.

Professor Zöpfl hat zu diesem Zweck zwei Anschauungsobjekte mitgebracht, einen ziemlich in die Jahre gekommenen Teddybären und ein Kuscheltier der Gegenwart. Mal sehen, was es damit auf sich hat.

EIN ZWIEGESPRÄCH

Professor Zöpfl, wenn wir über das Thema Schulbildung der Gegenwart sprechen, dann treibt Ihnen das ziemlich schnell Zornesröte ins Gesicht: Sie ärgern sich, und zwar richtig. Worüber am meisten?
Ja, es gibt vieles, was mich ärgert. Wo soll ich da anfangen? Ich nenne ein paar Schlagworte: Die Art, wie heute Unterrichten verstanden wird, Kindern soll nicht mehr Bildung und Wissen, sondern Kompetenz vermittelt werden. Wir haben kein Menschenbild mehr. Gleichzeitig zieht eine ungeheure Gleichgültigkeit in der Gesellschaft ein.

Gleichgültig, das sind Sie jedenfalls nicht.
Ganz gewiss nicht. Ich bin ein Mensch mit Emotionen. Immer schon. Ich bin mir meiner Werte bewusst, und deshalb kann ich auch für sie eintreten. Und das tue ich auch. Das heißt, ich rege mich über etwas auf, und ich mache aus meinem Herzen keine Mördergrube. Gleichgültigkeit kann nicht gesund sein. Für den Einzelnen nicht und für die Gesellschaft schon gar nicht.

Seinen Gefühlen Luft zu machen, ist gar nicht so einfach in einer Gesellschaft, in der jeder vor allem funktionieren muss.
Richtig, und in der Folge ist eine sehr ungesunde Form der Angepasstheit entstanden. Man weiß, man muss funktionieren. Also leistet man keinen Widerstand, man lässt sich in einen Ablauf eintakten. Dann bist du zwar nicht mehr vorhanden, aber du funktionierst. Du fällst nicht auf, aber du bist nicht mehr du selbst. Verwirklicht man sich dann? Wirkt man dann noch? Ich sage: Nein. Denn Wirken heißt, Werke schaffen. Wie aber soll man Werke schaffen, wenn man nicht mehr man selbst ist?

Wobei ja Angepasstheit nichts Neues ist.
Natürlich nicht. Aber die Gesellschaft geht in den verschiedenen Phasen unterschiedlich damit um. Angepasstheit, das kam mit dem Begriff Adjustment in der Folge der Phase der Sozialisierung aus Amerika. Da war ich noch Student. Ich habe damals schon einen Beitrag geschrieben, dass Angepasstsein kein sinnvolles Ziel sein kann. Wo bleibt denn da die Selbstverwirklichung? Später, in den 70er-Jahren kamen die Linken und sagten, die Gesellschaft laufe in eine falsche Richtung. Sie forderten zum Nein-Sagen auf. Das ging hinein bis in die Fernsehserien für Kinder wie die »Rappelkiste«. Da sangen dann Kinder das »Sag mal Nein«-Lied ...

Kritisch sein wurde mit Nein-Sagen gleichgesetzt.
(nickt) Aber Nein-Sagen – das kann doch kein Ziel für ein erfülltes Leben sein. Deshalb war dieser Ansatz schlicht nicht richtig. Ich sage Ja zum Leben. Das heißt aber keinesfalls, dass ich alles hinnehmen, dass ich alles unkommentiert akzeptieren muss. Das heißt es überhaupt nicht. Ich fordere ein kritisches Denken ein, also ein kritisches Ja.

Sind Sie angepasst?
Das war ich nie. Ich habe zwar keine langen Haare gehabt oder mir einen Bart wachsen lassen, das nicht. Ich war optisch gewiss nicht revolutionär. Aber inhaltlich bin ich dafür eingestanden, was mich bewegt hat. Immer schon. Gewisse Kompromisse muss man natürlich eingehen im Leben, aber man muss sich nicht verbiegen. Ich bin sehr wohl angeeckt, und ich bereue das ganz sicher nicht. Ich habe auch die Konsequenzen daraus aushalten müssen, und ich habe sie ausgehalten. Es ist ein hoher Wert, für sich einzustehen, seine Meinung zu vertreten. Ich habe mich nicht angepasst. Ich habe mich nicht verbogen, das hätte ich nicht als gesund empfunden.

Manchmal scheint es so, als hätten Menschen heute Angst, Emotionen zu zeigen.
Das beobachte ich auch so. Man kommuniziert auch nicht mehr. Ich höre ganz viele Menschen, die klagen, dass sie keine Antwort auf ihre E-Mails bekommen. Jemand schickt eine Anfrage, eine Mitteilung – und es kommt nichts mehr zurück.

Wer kennt das nicht. Angesichts der Flut von Nachrichten, die täglich auflaufen, kommt man aber auch kaum hinterher.
Sehen Sie. Da geht uns was verloren. Sehr oft geht uns auch ein einfaches Dankeschön verloren. Früher hat man Briefe geschrieben, um jemandem zu danken. Darauf gab es dann ein Antwortschreiben, es entstand eine Kommunikation. Auch dabei geht es um Emotionen. Das war ein Wert, sich schreiben, sich einmal Danke sagen. Heute läuft man einfach ins Leere. Allen ist alles gleichgültig; es ist den Leuten vieles egal. Alles scheint sinnlos zu sein.

Was ist passiert?
Mir macht das Sorgen. Große Sorgen. Die Botschaft ist nicht mehr präsent, dass es jeder einzelne ist, der einen Wert hat. Das ist etwas, was die Pädagogik vermitteln muss. Von klein auf. Das ist eine der ersten Regeln überhaupt, der Pädagoge Janusz Korczak hat sie ganz wunderbar so formuliert: »Jedes Kind hat das Rechts so zu sein, wie es ist«. Das ist ein Gedanke, der mich mein Leben lang begleitet hat. Da steckt so viel drin. Aber dieser Ansatz ist auf der Strecke geblieben. Schon lang.

Eltern klagen über den hohen Druck schon in der Grundschule.
Mit Recht! Heute können etliche Kinder schon schreiben, bevor sie in die Schule kommen. Und Englisch. Das muss nicht sein. Das ist eine völlig falsch verstandene Umsetzung der hohen Aufnahmefähigkeit im Kindesalter. Ich habe schon einmal vorgeschlagen, eine

pränatale Universität zu gründen. Dann gäbe es zur Geburt gleich das Diplom mit.

Ganz schön böse, Herr Professor.

Finden Sie? Ich finde, dass es gesund ist, wenn man Leuten einen Spiegel vorhält. Ich würde ja platzen, wenn ich das alles in mich hineinfressen würde. Im Bairischen gibt es dafür ein sehr schönes Wort: jemandem etwas hinreiben. Verstehen Sie? Man sagt jemandem eine Wahrheit ins Gesicht, aber nicht aggressiv und mit einem Augenzwinkern. Hinreiben heißt, jemandem etwas verständlich machen, ohne zu attackieren, und zwar so, dass es ihn kratzt. Zurzeit gäbe es schon einiges, was man den Leuten hinreiben muss. Schauen Sie mal … (Zöpfl holt eine tanzfähige Plastikfigur hervor) … meine neueste Errungenschaft.

Ganz schön groß …

… allerdings. Und sie kann tanzen. Und macht Krach. (Zöpfl schaltet das Gerät an, es ertönt digitaler Müll, der Musik sein soll, er hört eine Weile grinsend zu). Furchtbar, nicht? Ein unglaubliches Wesen. Soll man das heute lieb haben, in den Arm nehmen, es streicheln, mit ihm kuscheln?

Ist vielleicht etwas hart …

… das würde ich doch auch sagen. Ziemlich hart. Und wissen Sie was? Es sorgt auch für Angepasstheit. Weil es dieses Ding hier überall auf der ganzen Welt gibt. Alle Kinder haben das Gleiche. Ein hartes Plastikwesen, das Krach macht. Ich hatte einen Teddybären. Ich habe ihn heute noch. Ich hatte ihn als Kind in den Luftschutzbunker mitgenommen. Er hat kaum noch Fell auf dem Kopf, weil ich ihn so viel gestreichelt habe. Kann man so ein Ding hier (deutet auf die Plastikfigur) lieb haben, eine Bindung aufbauen? Das ist die Botschaft, die die Kinder auf der ganzen Welt bekommen. Das gefällt mir nicht.

Die Zeiten sind halt technischer, und Spielzeug muss halt heute irgendwie Geräusche machen.

Und die Kinder lernen schon in der Vorschule Englisch und demnächst auch Physik und Chemie. Wenn die Vorschule dazu dient, dass ich möglichst früh auf eine chemische Formel komme, dann ist was falsch. Ich kann Wasser auch gleich auf H_2O reduzieren. Aber Bildung beginnt nicht mit Formeln. Bildung heißt, dass ein Kind weiß, wie es sich anfühlt, im Sommer im Wasser zu tapsen, sich vom warmen Sommerregen mit diesen riesigen Wassertropfen nassregnen zu lassen. Dann ist doch Wasser etwas ganz anderes als die Formel H_2O, die man im Multiple-Choice-Test ankreuzen kann. Wer weiß, dass H_2O Wasser ist, hat sich noch nie einen Schnupfen im Regen geholt, weil er nass geworden ist. Und dann fehlt ihm etwas.

Was stimmt nicht?

Es gibt ein Bild, das Tolstoi geprägt hat. Ich habe es etwas abgewandelt, um zu verdeutlichen, worum es mir geht. Die Geschichte geht so: »Drei Mütter sitzen an einem Spielplatz und reden über ihre Kinder. Die erste sagt: Mein Kind ist fünf und rechnet bereits. Die zweite sagt: Mein Kind ist vier und liest bereits, da, in dem Buch ist kein einziges Bild. Die dritte sagt: Mein Kind ist drei und schreibt gerade den Aufsatz ‚Mein schöner Nachmittag auf dem Spielplatz'. Sie fragen eine alte Frau, die ihnen nebenan zugehört hat, welches Kind das Gescheiteste, das Klügste ist. Die alte Frau sagt: ‚Wo ist denn da ein Kind? Ich sehe keines.'«

Bitter.

Aber sie hat recht. Verstehen Sie? Erziehung, das ist Lebenshilfe für das Kind. Es geht darum, ihm zu helfen, das Wunder des Lebens zu entdecken. Und Unterricht hat das Ziel, dass ein Kind lebensfreudig wird. Darum geht es – und genau das ist es, was vergessen wird.

Prof. Zöpfl, Sie marschieren stramm auf Ihren 80. Geburtstag zu, Sie regen sich darüber richtig auf – warum regt sich darüber heute kein 30-Jähriger mehr auf?

Ich frage mich das oft. Vermutlich, weil viele 30-Jährige das so schon nicht mehr kennen. Unter Handwerkern wird man einige finden, die noch ein Gefühl für die Welt haben. Sie wissen, wie sich ein Stück Holz anfühlt, und sie wissen auch um den Wert des Materials. Oder Bäuerinnen. Sie kennen die Welt, sie haben die Welt gesehen – und seien Sie sicher: Sie regen sich auf. Ich erzähle Ihnen einmal was über Bäuerinnen, da kann sich der wissenschaftliche Betrieb eine Scheibe abschneiden: Ich war noch ein junger Wissenschaftler, da habe ich vor Landfrauen einen Vortrag über Pädagogik gehalten. Danach kam eine Bäuerin zu mir, sie musterte mich einen Augenblick, dann sagte sie: Schön haben Sie geredet. Und dann fragte sie mich: Haben Sie Kinder? Die hatte ich damals noch nicht und ich sagte wahrheitsgemäß: Nein. Und wissen Sie, was sie dann sagte? Sie sagte: Drum. Einfach nur ‚Drum'«. Diese Frau hat mich geformt.

So etwas vergisst man nicht.

Sicherlich nicht. Es gibt da noch so ein Erlebnis. Das war auch mit einer Bäuerin. Da sollte ich ebenfalls einen wissenschaftlichen Vortrag halten. Ich hatte da schon die ersten Texte veröffentlicht. Sie kam zu mir und fragte: »Und Gedichte lesen Sie nicht? Schade!« Also habe ich, um sie nicht zu enttäuschen, ein paar Gedichte in meinen Vortrag eingebaut. Hinterher kam sie und meinte: »Gut, dass Sie das mit den Gedichten gemacht haben, deshalb habe ich verstanden, was Sie mir sagen wollten.« Bis dahin hatte ich wissenschaftliches und literarisches Schreiben immer streng voneinander getrennt. Danach nicht mehr. Und warum? Weil Bilder in der Bildung ganz entscheidend sind. Wenn erst einmal Bilder entstanden sind, dann ist etwas erreicht worden.

Sie arbeiten auch in Ihrer Sprache sehr viel mit Bildern.
Ein Stuhl. Ein Tisch. Das sind Begriffe, die ich mit einem Bild verbinde. Das versteht man. Nun besteht die Welt auch aus Atomen und Quarks – da wird es schon schwieriger, sich ein Bild davon zu machen. Was passiert? Das Verständnis, das Verstehen, das Begreifen – es wird auch schwieriger. Selbst die Quantenphysik kann ich leichter erfassbar machen, wenn ich bei der Erläuterung mit einer Blume anfange und nicht mit einer Formel. Unseren Kindern nehmen wir heute mehr und mehr die Chance, für sich selbst lebendige Bilder zu entwickeln. Wenn wir dafür keine Zeit mehr haben, werden wir irgendwann auch keine Antworten mehr haben. Weil wir kein Gefühl mehr für das haben, was uns umgibt. Und was werden wir dann? Gleichgültig.

Aber werden wir nicht heute alle mit Bildern überflutet?
Richtig, aber diese Bilder, die wir im Internet oder auf dem Bildschirm sehen, tragen nicht dazu bei, dass wir in uns unsere Bilder entwickeln, dass wir sie mit Erlebnissen, mit Gefühlen verknüpfen. Wie denn auch? Schauen Sie, ich erzähle Ihnen jetzt etwas aus meiner Lebenswirklichkeit: Wenn heute ein langjähriger Wegbegleiter stirbt – in meinem Alter passiert das leider häufig –, dann fallen mir Bilder von Momenten ein, wie wir womöglich etwas gemeinsam unternommen haben. Ich habe diese gemeinsamen Erlebnisse und Erfahrungen als Bilder abgespeichert. Weil wir früher die Zeit dazu hatten. Das hilft mir, diese Momente zu erleben, das Gefühl von damals wieder herzuholen, auch nach Jahren, was sag ich, nach Jahrzehnten. Wie soll denn bitteschön ein Bild eine Erinnerung bilden, wenn eine digitale Flut auf einen einprasselt?

Wir ersticken in Informationen.
Aber ja! Wir sind heute eine überinformierte Gesellschaft. Völlig überinformiert! Aber sind wir deswegen auch gebildet? Nein! Wir brauchen Bilder für unsere Entwicklung, für unsere Bildung. Aber

die sind schon unter den Tisch gefallen. Sie fragen nach der Folge? Das ist sie: Angepasstheit. Gleichgültigkeit. Nicht-Bildung. Weniger Selbstverwirklichung.

Sie sagen: Das Individuum geht in dieser Masse verloren.
Ganz genau. Steh zu dir selbst. Du bist einzigartig. Dir ist das Leben geschenkt worden, freue dich darüber. Das ist es, was wir unseren Kindern mitgeben müssen. Stattdessen bekommen alle die gleichen Spielzeuge mit Knöpfen dran. Aber sie sind nicht dazu da, um gestreichelt oder liebkost zu werden. Da ist nichts Persönliches mehr. So entstehen keine Bilder mehr, die einem jeden seine Einzigartigkeit bewusst machen.

Der Ansatz, dass jeder einzigartig ist, er ist wunderschön. In der Praxis ist er aber nicht einfach umzusetzen. Bei der Prüfung muss ja irgendwo ein Standard angesetzt werden. Dann ist es vorbei mit dem Individuum.
Ganz klar, natürlich brauchen wir Standards. Das sehen wir ja an den Firmen, die nach Ingenieuren der alten Schule fragen, weil die Leute mit einem Bachelor- oder Masterabschluss nach Bologna nicht das mitbringen, was erwartet wird. Auch da sehen Sie, was passiert, wenn alles normiert wird. Der Weg zum akademischen Titel und das Plastikspielzeug. Den Weg hin zu den Prüfungen kann ich aber sehr wohl so oder so gestalten.

In Deutschland hatten wir einst eine Exzellenz in der Bildung. Das war sozusagen unser wichtigster Bodenschatz.
(nickt) Und auf dem Weg dahin, dass bald jeder bei uns Abitur machen kann, senken wir das Niveau immer weiter ab. Kaum jemand macht sich darüber Gedanken, was Bildung überhaupt bedeutet. Was ist Bildung? Für mich ist Bildung persönliche Selbstverwirklichung. Oder nehmen Sie diese Definition: Bildung ist die grundsätzliche Orientierung des ganzen Menschen im Ganzen des Seins. Des gan-

zen Menschen. Im Ganzen des Seins. Wenn man diese Definition so annimmt – dann haben wir das überhaupt nicht mehr. Im Ganzen des Seins, das ist die Welt um einen herum, in der man sich bewegt. Aber die Realwelt ist ja nur noch zum Teil vorhanden. Bildung beginnt damit, dass ein Kind sich die Welt ertastet, dass es riecht, schmeckt. Dass es auch mal sagt: Das schmeckt nicht. Da beginnt die Bildung. Ich orientiere mich schon in der Welt, wenn ich sinnlich wahrnehme, dass Sand rau ist oder glatt. Etwas streicheln, sich in der Familie umarmen, das ist so unglaublich wichtig. In der virtuellen Welt gibt es kein Bussi.

Die alte Geschichte, dass früher alles besser war?
Natürlich war früher nicht alles besser. Es war anders. Früher kam im Unterricht der Rohrstock zum Einsatz, ich habe damit auch meine Leiden gehabt. Wissen Sie, was der Rohrstock gemacht hat? Er hat mich dazu gebracht, dass ich mir das nicht gefallen lassen wollte, er hat mich rebellisch gemacht. Ich habe heute keine Angst davor, das schwarze Schaf, der Buhmann zu sein, wenn ich von etwas überzeugt bin. Der Rohrstock hat etwas mit mir gemacht. Heute geht das ganz anders. Über Manipulation. Ich habe meinen Studenten gerne eine Geschichte erzählt, ich meine, sie kam in einem Film vor. Von einem Trainer, der mit Kindern Luftgewehrschießen übt. Auf Konservendosen. Und nach einer Weile nimmt er ein Bild von einem Wildschwein. Dann schießen die Kinder auf ein Wildschwein. Dann stellt er einen Teddybären hin, und die Kinder werden mit dem Luftgewehr auf einen Teddybären schießen. Und als nächstes nimmt er ein Bild von einer Mutter mit einem Kind. Mit Manipulation kann ich viel schlimmere Sachen anrichten als mit dem Rohrstock.

Sind Lehrer selbst Ihrer Meinung auch schon manipuliert?
Ich sehe große Probleme in der heutigen Lehrerbildung. Unter anderem, weil man anthropologische Aspekte, über die wir gerade reden, gar nicht mehr kennenlernt. Ich habe meinen Studenten gesagt: Ihr

müsst raus, Ihr müsst die Welt fühlen. Das gilt im Übrigen auch für den Alltag in der Schule. Ich habe immer gesagt: Geht in der Pause nicht ins Lehrerzimmer, sondern geht in den Schulhof und schaut, wer allein am Rand steht – und bindet den später ein. Wir alle wissen, dass Kinder untereinander ganz schön gemein sein können.

Weil sie es nicht besser wissen.

(nickt) Aber sie können dazulernen, wenn sie richtig begleitet werden. Ich hatte mal einen Leistenbruch, konnte eine Weile nicht beim Sport mitmachen. Dann wurde ich z. B. bei Staffelspielen als Letzter gewählt, weil ich noch nicht wieder gesund war. Wissen Sie, wie sich das anfühlt? So etwas muss ein Lehrer sehen, und er muss demjenigen einen Stellenwert geben. Auch das machen übrigens Kinder manchmal intuitiv. Ich erinnere mich an einen Mitschüler mit einem Buckel. Der konnte nicht richtig mit uns Fußballspielen. Wissen sie, was passiert ist? Er wurde als Mittelstürmer aufgestellt. Dann wurde er freigespielt. Und dann hat er die Tore gemacht. Als Lehrer darfst du nicht nur die Besten in deiner Klasse sehen und nicht deinen Notendurchschnitt. Vielmehr musst du jedem Schüler zeigen: Du bist einzigartig.

Früher waren 50 Kinder in einer Klasse, da ging das nicht …

… heute haben wir da ganz andere Voraussetzungen. Es geht darum, auf die Kinder einzugehen. Wer sich den Text nicht gut merken kann, kann trotzdem beim Schultheater eine wichtige Rolle spielen, indem er sich bei den Kulissen einbringt. Ein guter Pädagoge wird das erkennen, und er wird etwas finden. Pädagogik heißt, den einzelnen ernst zu nehmen. Und dann wird ein neuer Lehrplan aufgestellt, der nicht mehr Wissen und Bildung in den Mittelpunkt stellt, sondern Kompetenzen. Wie soll man jemandem die Kompetenz vermitteln, 1000 Meter schnell zu laufen, wenn er ein zu kurzes Bein hat? Wie soll man so Selbstwert vermitteln? Jeder kann etwas. Jeder kann etwas ganz besonders. Das ist es, was Kinder lernen sollen.

Mit dem Kompetenzlehrplan haben Sie so Ihre Schwierigkeiten. Schwierigkeiten? (lacht) Ich bitte Sie! Das ist gar kein Ausdruck. Ich erzähle Ihnen jetzt etwas, und das ist kein Witz: Es gab schon Lehrerfortbildungen für den neuen Kompetenzlehrplan, da war er noch gar nicht mit Inhalten gefüllt. Das ist, wie wenn bei einem Ärztekongress über eine Krankheit geredet wird, die es noch gar nicht gibt. Wenn ich das Wort »Kompetenz« in Zusammenhang mit unseren Kindern schon höre! Wissen Sie, wer kompetent ist? Jeder Terrorist ist kompetent, denn er hat eine Kompetenz in dem, was er tut. Wäre er aber gebildet, wäre er womöglich kein Terrorist. Wir brauchen Bildung, und wir brauchen Inhalte. Wir brauchen Lieder, die Kinder gerne singen. Denn nur darum geht es: Kindern zu zeigen, dass die Welt voller Wunder ist. Ihnen zu sagen: Es lohnt sich, dass du da bist. Entdecke die Wunder, wir helfen dir dabei. Das ist Bildung.

HELMUT ZÖPFL RAUFT SICH DIE HAARE

Helmut Zöpfl hat in den vergangenen Jahren eine Reihe von Beiträgen verfasst, in denen er Auswüchse der Bildungsmisere, wie er sie identifiziert hat, auf den Punkt bringt.

Ziel der Übung in unserer Leerstunde: Textverständnis schulen, Zusammenhänge erkennen, Rückschlüsse ziehen.

Und am Ende des Kapitels singen wir zur Entspannung das bekannteste deutsche Volkslied mit dem schönen Titel »Atemlos durch die Nacht« und tanzen dazu unsere Namen.

BILD-UNG

Auf einer dieser Gratispostkarten mit lustigen Sprüchen finde ich ein Kind, das vorm Fernseher sitzt und sagt: »Bildung kommt von Bildschirm, käme es von Buch, müsste es Buchung heißen«.

Wie weit hängt der Begriff Bildung, der zwar in aller Munde ist, über den man sich aber kaum noch Gedanken macht, mit dem des Bildes zusammen?
Da wären Assoziationen wie Weltbild, Menschenbild, Bilderschrift, Bilderbuch. Kein Zweifel: Bild und Bildung stehen in enger Verbindung. Man könnte es geradezu als wesentlichen Teil der Bildung bezeichnen, dass man in der Lage ist, sich ein Bild von der Welt zu machen. Max Müller bezeichnet in der Tat Bildung als Weltorientierung.

Unsere Zeit ist nicht zuletzt von einer Bilderschwemme gekennzeichnet. Wir wissen, wie viele Stunden wir heute schon vor Bildschirmen sitzen. Dabei ist eine Bilderflut dem Erwerb von Bildern in höchstem Maße abträglich.
Bilder erwirbt man sich nicht, indem man auf Bildschirme starrt. Dafür wäre es notwendig, etwas zu betrachten und nochmals zu betrachten und zu lernen.

Wie war das mit den Bilderbüchern? Wie oft haben wir uns einst das Bild wieder und wieder angeschaut, zurückgeblättert und uns die Geschichte dazu nochmal und nochmal von der Oma erzählen lassen.

Bilder entstehen durch Erzählen und Vorlesen. Ganz ohne Bildschirm.
Bilder helfen Kindern in ihrer Weltorientierung.

Bilder helfen, in einer immer schwerer zu durchschauenden Hektik Wege zu finden.

Die Werbung weiß um die Bedeutung der Bilder, die die Kaufentscheidung des Konsumenten beeinflussen.
Die Pädagogik hat die Bedeutung von Bildern bei der Bildung vor lauter Verwissenschaftlichung verdrängt.
Da machen Sie sich kein Bild!
DIE ENTKULTURATION

Vor Jahren noch hat das Vertrautmachen mit unserer Kultur als wichtiger Teil von Erziehung und Bildung gegolten, die Enkulturation. Heute hat man den Eindruck, unsere Schul- und Bildungspolitik hat da ein zusätzliches »t« entdeckt. Sie glauben das nicht? Dann wagen Sie mal den folgenden Test in einer Schule:
Hannibal überquerte ein Jahr ...
a) die Alpen
b) den Stachus
Oder:
Hannibal ist der Name
a) eines karthagischen Feldherrn
b) ein Turngerät

Raten Sie mal, was dabei herauskommt. Und warum? Weil es seit längerer Zeit ein ganz anderes Ziel bestimmter Bewertungen gibt, die sich heute schon mehr als verhängnisvoll auswirken: Entkulturation.

Zur Entkulturation haben zweifelsohne die pseudowissenschaftlichen Lern- und Unterrichtsmethoden beigetragen, die Begriffe wie Lesen, Erlesen, Schildern, Erzählen immer mehr als nicht so eindeutig objektiv überprüfbar, mit Multiple-Choice-Verfahren und

Lückentexten ersetzt. Wenden wir uns exemplarisch dem Deutschunterricht zu.

Nur ein paar Beispiele: Das Auswendiglernen von Gedichten wurde als sturer Gedächtnisdrill deklariert. Die Notwendigkeit einer Begegnung mit Liedern und Gedichten, die nun einmal zu unserem Kulturgut gehören, wurde als antiquiert abgetan, genauso gut könne man irgendwelche Werbetexte analysieren lassen. Das mache vielleicht mehr Spaß, gemäß des von unserer Kultfigur Michael Bully Herbig verkündetem Sprüchlein: »Haribo macht Kinder froh«.

Apropos Spaß.
Wo die Schule immer mehr von der Sorge um die Gesundheit unserer Kleinen mit dem Leitsatz »Schule muss Spaß machen« beherrscht wird und Lernen mit Unterhaltung und Unterricht mit »Bespaßen« gleichgesetzt wird, muss man sich nicht wundern, wenn jedwede Begegnung mit so etwas »Anstrengendem« wie Kulturgut auf der Strecke bleibt.
Dabei geht man von dem Irrtum aus, dass auch Begegnung und Auseinandersetzung mit entsprechender Literatur Freude bereiten kann. Zugegeben ist Freude allerdings mehr als ein oft dümmlicher Spaß.

Die Entkulturation hat auch in Bayern offensichtlich Methode. Bei genauer Betrachtung des Bildungsplanes für Kindergärten kann man feststellen, dass all das, was verantwortungsvolle Erzieherinnen, Kindergärtnerinnen (vor allem unsere so großartig über lange Zeit wirkenden Klosterfrauen) an Kultur mit Singen, Erzählen, Beten anlegten, durch wiederum pseudowissenschaftlich begründete sogenannte Frühförderung und die Vorgaben immer mehr in Frage gestellt wird. Da wird, um den späteren »Astrophysik-Nobelpreisträger« zu fördern, doch tatsächlich verlangt, dass unsere Kleinen »Begegnung mit dem Gravitationsgesetz« haben sollen. Selbstverständlich bleibt

bei solchen hohen Zielen keine Zeit für ein Lied, wie »Weißt du, wie viel Sternlein stehen«.
Ein umso notwendigeres Kennenlernen des eigenen, schönen, christlichen Glaubens mit seinen Bildern, Bräuchen und Gebeten opfert man für falsch verstandene Toleranz.
Kein Witz: Wir finden in diesem Lehr-Bildungsplan sogar das Lernziel »Begegnung mit verschiedenen Gottesbildern«. Und das soll seinen konkreten Niederschlag darin finden, dass die Kinder (wo auch immer sie es hernehmen) zum Beispiel Gebetsschnur, Rosenkranz und Buddha-Statuen mitbringen und über Weltreligionen diskutieren.
Ergebnis ist dann das anscheinend alle Religionen und Weltanschauungen übergreifende »Tisch-Gebet«: »Piep, piep, piep, Wir haben uns alle lieb. Jeder esse, was er kann. Nur nicht seinen Nebenmann. Und wir nehmens ganz genau , auch nicht seine Nebenfrau.«
Wo so eine Effizienzkontrolle der Toleranz aufs höchste Ziel sichtbar wird, ist wohl die Garantie gegeben, dass unsere christlich abendländische Kultur auch in Zukunft im neuen Glanz erstrahlt.
Wenn dann noch Musik und Singen so weit an den Rand gedrängt wird, dass der ehemalige Hochschulprofessor und einer der großen Träger unserer bayerischen Kultur, Professor Josef Zilch, von einem Desaster spricht, wundert kaum, dass man nur von einem der bisher wirkungsvollsten Akte besagter Entkulturation sprechen muss.

Nebenbei bemerkt, drängen bereits in den Kindergarten unkindgemäße Arbeitsblätter, die kaum Raum für Eigengestaltung, Phantasie, Originalität und Kreativität lassen.
Die Entkulturation setzt sich nahtlos mit entsprechenden Lehrplänen, Anweisungen und Lehrerbildung fort. Vor kurzer Zeit erzählte mir die wunderbare Lehrerin Christine Bergmann – sie gestaltet, über 80 Jahre alt, mit den Bildern ihrer damaligen Klasse heute noch Kalender, die sie in unglaublichem Selbsteinsatz in den Wintermonaten für krebskranke Kinder verkauft –, dass sie in ihrer Anfangszeit

ihrer Klasse mit 50 Kindern bis Weihnachten lesen und schreiben beigebracht hat.
Zugegeben, die Verhältnisse haben sich teilweise auch verändert, in erster Linie mache ich aber die wiederum pseudowissenschaftlich begründeten neuen Unterrichtsmethoden dafür verantwortlich. Wenn ich nur überlege, was in der sogenannten Grundschulpädagogik schon alles als neue, unumgängliche Wissenschaftsmethoden deklariert wurde.
Ich nenne ohne längere Kommentare nur »Mengenlehre«, »Ganzwortmethode«, »freies Schreiben«, »neue Ausgangsschrift«.
Wehe, wehe, jemand hatte den Mut, in diesem Zusammenhang die Geschichte von »Des Kaisers neue Kleider« zu erwähnen.
Josef Kraus (fast der Einzige, der geistreich auf die gefährlichen Entwicklungen aufmerksam gemacht hat und konstruktive Vorschläge einbrachte) beklagt seit vielen Jahren unter anderem die drastische Reduzierung des Grundschulwortschatzes. Wo die sinnliche Begegnung mit bestimmten Wörtern immer weniger wird, Realitätsverlust das Begreifen immer mehr erschwert, wäre es eine der vornehmsten Aufgaben, so viel wie möglich lebendige Begriffe zu erfahren, erleben und festzuhalten. Das machen nicht die Kinder. Der Weg, der bildungspolitisch eingeschlagen wurde, ist dafür verantwortlich beziehungsweise die Menschen dahinter.
In seinem sehr bemerkenswerten Buch „Wie man eine Bildungsnation an die Wand fährt“ aus dem Jahr 2017 schreibt Josef Kraus: „Seit den 1960er Jahren wurden Reformen in Szene gesetzt, zumeist sind Diformationen daraus geworden. Damals unterwarf man Bildung bzw. das, was man dafür hielt, einem radikalen Egalisierungswahn. Kaum hatte sich das deutsche Schulwesen mit diesem Wahn arrangiert oder ihn halbwegs abgepuffert, folgte der nächste Wahn. Er trägt seit der Jahrhundertwende von 2000 die Namen ‚Pisa‘ und ‚Bologna‘.“ Da hat er recht.

Einen wesentlichen Schritt zur Entkulturation trägt die immer noch zunehmende Bestrebung bei, möglichst auf konkrete Inhalte zu verzichten und Formales über alles zu stellen.
Oft wird das auch mit den total falsch verstandenen Begriffen Pluralismus, Multi-Kulti usw. begründet. Dabei steht das so menschenfreundlich klingende Bemühen im Vordergrund, Begriffe zu finden, in denen vermeintlich alles angesprochen werde.
So kommt es, dass seit langer Zeit für die Optimierung neuer (vermeintlich neuer!) Unterrichtsmethoden, der Leistungsmessung, der Testierbarkeit, Unterrichtsformen (wie Gruppenarbeit), Strukturformen der Schule, das unendliche Gewäsch pro oder kontra Gesamtschule der (wenn nicht genau durchdacht, so problematische) Begriffe wie Gleichheit oder Effizienz im Vordergrund stehen.
Benennungen von konkreten Inhalten, unverzichtbarem Kulturgut usw. werden tunlichst vermieden, weil sich ja mit der besagten Maxime im Pluralismus keine Übereinkunft erzielen ließe. Je formaler, desto wissenschaftlich sauberer, je abstrakter, desto besser.

Diesen Satz kennen wir alle: Im Mittelpunkt aller pädagogischen Bemühungen steht das Lernen. Es gilt als Konsens, dass sich alle pädagogischen Anstrengungen an diesem Begriff zu orientieren haben. Dazu kommt dann noch das Schlagwort »Lebenslanges Lernen«. Die banale Feststellung, dass man immer noch dazulernen kann, wurde mit dem wissenschaftlichen Orbi-et-urbi-Segen aller Schul-, Hochschul- und Bildungspolitik zum Dogma erklärt.
Ich weiß als alter Störenfried einer heilen Wissenschaftswelt, welches Unverständnis dem entgegenschlug, der es wagte zu fragen, was das denn eigentlich sei, dieses »Lernen«.
Wenn überhaupt eine Antwort kam, bestand sie in der mehr als jämmerlichen Definition, »Lernen ist Verhaltensänderung«.
Na also.
Ja, und dieses Lernen muss mit allen Mitteln gefördert und effizient gemacht werden. Es war die Hoch-Zeit des programmierten Unter-

richts, aber auch der Lernmotivations-Forschung. Dicke Bücher mit allen möglichen wissenschaftlich klingenden, meist neuanglistischen Begriffen wurden als das unverzichtbare Arsenal des Lehrerstudiums und der Lehrerfort- und Weiterbildung erhoben. Und wehe, man verwechselte eine intrinsische mit einer extrinsischen Motivation.
Ich habe mir mehrmals die Mühe gemacht, solche Wissenschaftselaborate im Hinblick auf besagte kulturelle Inhalte zu untersuchen. Vergebens.
Wer es mit entsprechend intrinsischer Motivation zustande brachte, dass die Schüler sämtliche Zeichentrickfiguren irgendwelcher japanischer Unkultur wie Pokémon benennen konnten, sammelte mehr pädagogische Pluspunkte als derjenige, der aufgrund seiner Glaubwürdigkeit dem Kind ein Gebet oder das Kreuzzeichen beibrachte.
Die seit langem geltende Maxime spiegelt Helmut Qualtingers Satz wider: »Wir wissen nicht, wohin wir wollen, dafür sind wir umso schneller da.«
Versuche einer am Menschen orientierten personalen Pädagogik in Zusammenarbeit von Theorie und Praxis zu gestalten, ganz konkrete Erziehungs-, Lern-, Bildungsziele und -inhalte aufzuzeigen und zur Grundlage von Lehr- und Bildungsplänen zu machen – durchaus auch mit konkreten Vorschlägen im methodischen Bereich – wurden kaum beachtet.
Ich denke da etwa an das Buch von Walter Troeger »Erziehungsziele« oder auch das von Paul Brunhuber und mir und mit vielen Beispielen verfasste Buch »Erziehungsziele konkret«.

Der Tiefpunkt des Bayerischen Bildungsplans für Kindergärten wird noch unterschritten von dem gerade für die bayerischen Grundschulen geltenden Lehrplan, der auf jedwede inhaltliche Formulierung verzichtet und dafür das für die obersten Bildungspolitiker vermeintlich wissenschaftlich sterile Wort »Kompetenz« setzte. Vielleicht sollte man endlich einmal darüber nachdenken, diese Oberste Behörde

umzubenennen, denn meines Wissens heißt sie bis heute »Ministerium für Unterricht und Kultur«.
Wie wär's mit »Ministerium für Lern- Evaluierungsforschungskompetenzforschung«? Dass man ohne jede Ahnung von der eigentlichen Problematik ablenken kann, hat man ja schon vor einiger Zeit mit der Umbenennung der Haupt- in die Mittelschule bewiesen.
Vielleicht ist diese Geschichte nicht der größte Glanzpunkt der deutschen Literatur, aber man sollte sie bei der Bestbesetzung für schulpolitisch wichtige Posten doch zur Zwangslektüre erklären: »Des Kaisers neue Kleider«. In den Hauptschullehrplänen der 70er Jahre war sie übrigens als Lesestoff verbindlich.
Entkulturation hat bereits ihren vollen Erfolg, was den Verlust der deutschen Sprache anbetrifft.
In einer Zeit, in der es durch nicht zu stoppende Entwicklungen in der medialen, technisierten Welt auf eine One-World-Kultur (die oft nur in einem übereinstimmt: der Leere) hingeht, wäre es wichtiger denn je, das Besondere, Eigentümliche, das kulturelle Erbe ins Gedächtnis zu rufen und auch neu zu beleben.
Dazu aber ist es notwendig, sich wieder auf die Bedeutung von Sprache, Kultur, Tradition und Geschichte zu besinnen, vor allem die Gretchenfrage zu stellen, was wir überhaupt unter Kultur und Bildung verstehen.
Auch wenn es darauf vielleicht keine eindeutige Definition gibt, könnte doch die Besinnung auf das Wesentliche gerade in Hinblick auf individuelle Bedürfnisse des Kindes wertvolle Überlegungen einleiten.

DIE SITUATION UNSERER KINDER

Pädagogisch, sozialistisch,
psychologisch, axiologisch,
effizient, gesellschaftskritisch,
Feedback, psychoanalytisch,
soziometrisch und statistisch,
kategorial, linguistisch,
Microteaching, affektiv,
input, output, kognitiv,
Validierung, Friktionen,
Status, Innovationen,
endogen und exogen,
quaestiv, Basisphaenomen,
und so weiter und so weiter.
Jedes Jahr wird man gescheiter.
Jeden Tag ein neues Wort:
Pädagogik schreitet fort.
Da wird alles programmiert,
reformiert, umfunktioniert,
technologisch recht beachtlich,
alles superwissenschaftlich,
pädagogisch wunderbar,
wäre da nicht die Gefahr:
Bei all dem hat man unterdessen
die *Kinder* leider ganz vergessen.

Seit Jahren hören wir in Beiträgen, die sich mit der Situation unserer Kinder und Jugendlichen befassen, dass immer größere Probleme auf uns zukommen. Regelmäßig werden wir darüber informiert, dass immer mehr Kinder immer früher übergewichtig sind. Verantwortungsvolle Ärzte warnen seit Jahren vor den Folgen.

Alle möglichen Aktionen werden ins Leben gerufen, Slogans entworfen, Plakate zieren Plakatwände, ein Schauspieler beißt gegen Gage in einen Apfel und verkündet mit seinem Foto »Iss mal nen Apfel«. Kugelschreiber und T-Shirts bekunden, dass sich Jugend bewegen soll.

Ein Spaziergang an einem schönen Wochenende zu Sportplätzen und Wiesen hätte genügt, um festzustellen, wie wenige Kinder sich wirklich noch bewegen oder im Freien spielen. Wie sagte neulich ein Sportlehrer ironisch: »Wenn bei uns in der Grundschule jemand eine Rolle vor- oder gar rückwärts beherrscht, geht etwas nicht mit rechten Dingen zu – ein Fall für Doping.«

Dabei wüssten es die Erwachsenen, die für die Bildung der Kinder sorgen sollten, eigentlich besser.
Der Wellness-Kult boomt, und Manfred Lütz kann in seinem großartigen Buch »Lebenslust« (München 2007) vermelden, dass Gesundheitsstreben zur neuen Religion, zur Gesundheitsreligion geworden ist: »Die Gesundheitsreligion ist die teuerste Religion aller Zeiten. Es wird gerechnet, dass allein die Ausgaben der Krankenkassen in Deutschland mehr als 500 Milliarden im Jahr betragen. Das ist mehr als der gesamte deutsche Bundeshaushalt.« Schon seit Jahren, so stellt Lütz fest, gehören mehr Leute Fitness-Clubs an (4,6 Millionen), als Menschen noch in den Sonntagsgottesdienst gehen (4,4 Millionen).
Ohne weitere Worte.

SIND WIR NOCH ZU RETTEN?

Unsere Kinder laufen immer mehr Gefahr, infolge des Medienkonsums und der mangelnden Begegnung mit der realen Lebenswelt immer mehr die Natur, Mensch, Tier, Pflanzen und Dinge nicht mehr in ihrer Dreidimensionalität zu erfassen.
Das zeigt sich seit langem übrigens auch bei Feststellungen, was die Koordination anbetrifft: dass Kinder etwa in der Verkehrserziehung immer weniger Abstände einschätzen oder Rückwärtslaufen können.
Nicht nur Germanisten bemängeln die zunehmende Unfähigkeit, sich sprachlich treffend und differenziert auszudrücken. Ist das ein Wunder, wenn in den für den Spracherwerb so wichtigen ersten Lebensjahren nicht mehr das mittelbare Erleben, das Erfahren, Erfassen, Begreifen, Wahrnehmen der nächsten Welt zuständig ist, sondern – wie es der Begriff ja sagt – die Medien?
Und die Tendenz, Sprachen nur noch vom Medialen her zu erwerben, ist in der Welt der Digitalisierung von Android bis Apple stets stärker geworden.
Wie begegnet man dem nun von bildungspolitischer, schulpolitischer Seite?
Anstatt Konsequenzen aus dieser Erkenntnis zu ziehen und sich auf neue Möglichkeiten zu besinnen, versucht man seit Jahren, den Teufel mit Beelzebuben auszutreiben.
Seit dem Ausscheiden des unvergleichlichen Bayerischen Kultusminister Hans Maier und blitzgescheiten Nachfolgers Hans Zehetmair, findet sich sogar die bayerische Bildungspolitik auf einem steilen Weg nach unten.
Warum? Man nehme als Beispiel nur die Maßnahmen, die unter dem nie hinterfragten Schlagwort Innovationen erfolgten: möglichst schon kurz nach der Geburt Kinder mit dem Computer vertraut zu machen, der ja womöglich bald Lehrer überflüssig machen und sowohl Unterricht als auch Erziehung übernehmen könnte.

Das Vertrauen auf den seinerzeitigen Nürnberger Trichter konnte nicht größer gewesen sein.

Dann kam unter dem Schlagwort Frühpädagogik, die leider weitgehend nur auf das Kognitive bezogen war, das immer frühere Erlernen einer Fremdsprache auf.
Die Einsicht, dass kleine Kinder in früheren Jahren noch aufnahmefähiger seien, wurde so pervertiert, möglichst früh möglichst viel in das »bildsame Wesen« hineinzustopfen.
Die ohne lange wissenschaftliche Untersuchungen erkennbare Tatsche, dass man, bevor man etwas »übersetzen« kann, erst in einer Sprache heimisch werden müsse, haben pseudowissenschaftliche Untersuchungen weggefegt – und sich alle hinterher als falsch herausgestellt.
Durch die gerade auch in Kindersendungen (Zeichentrickfilmen) herrschende Hektik, die Beschleunigung, aber auch durch das heute übliche kindliche Leben, das Hetzen von Termin zu Termin, fehlt immer mehr die Zeit, Wörter und Begriffe kennenzulernen, sie zu festigen oder gar zu vertiefen.

Dabei fand doch immer gerade in der Zeit vor der Schule, wo man eben noch nicht so oft auf die Uhr schauen musste, der grundlegende Spracherwerb statt.
Das Spielen mit Gleichaltrigen, die Erzählungen zuhause, nicht zuletzt von Opa und Oma, das Erlernen von Gebeten, Liedern im Kindergarten – das ist es doch, was zur grundlegenden sprachlichen Bildung beiträgt.
Statt, dass man über mehr Raum und Zeit für Sprachbildung nachgedacht hätte, kam in Bayern ein neuer Kindergarten-Bildungsplan auf den Markt, der nicht weniger ist als der größte Blödsinn seit der Erfindung des »Winterzahnstochers« durch Karl Valentin. Nur dass jener nicht so einen immensen Schaden anrichtete wie das Mach-

werk eines Staatsinstitutes, das offensichtlich von Kindern so wenig Ahnung hat wie ein australischer Aborigine vom Skifliegen.
Dreijährige mit Physik und dem Gravitationsgesetz zu konfrontieren, dessen genaue Erklärung nicht einmal Albert Einstein finden konnte, statt Kinder mit Ballspielen zu körperlicher Gesundheit und zu Koordination zu führen – und vor allem zu Freude! Stattdessen erhalten Kinder allenfalls die Ausrede, wenn sie den Ball nicht fangen können, dass die Gravitation schuld daran sei.

Die Bildungspolitik begründet immer wieder ihre sogenannten Reformen damit, Zeit zu sparen. Um den Menschen möglichst früh in die Universität zu entlassen.
Dabei hat sich schon heute herausgestellt, dass ein hoher Prozentsatz der fertigen Abiturienten aufgrund des Stresses im letzten Jahr zunächst einmal eine längere Auszeit nimmt, bevor man sich dem Bachelor- und Magisterstudium unterzieht, über das es natürlich eine ganze Menge zu sagen gäbe.
Im Übrigen weiß ich als langjähriger Inhaber des Lehrstuhls für Schulpädagogik, wie wenig die Universität im pädagogischen Umgang mit immer jüngeren Leuten erfahren, aber auch interessiert ist. Vielleicht sollte man in diesem Zusammenhang auch einmal über die zahlreichen Studienabbrecher nachdenken. Hatte Hans Maier seinerzeit gesagt, dass wir immer weniger über immer mehr wissen, so hat man heute den Eindruck, dass dieses Weniger immer mehr an Substanz verliert. Steht da ein »Zeit-Geist« dahinter, der seit längerem »das Eigentliche« versucht zu reduzieren oder gar zu beseitigen? Alkoholfreies Bier, entkoffeinierter Kaffee, Butter ohne Fett, fleischlose Wurst, Bildung ohne Menschen.

Ich will hier nicht über den Sinn solcher Ent-leerungen nachdenken, kann mir aber vorstellen, dass oft eine Erziehung zum rechten Maß, zu Askese oder gar zum Verzicht sinnvoller wäre. Vielleicht erfindet man ja noch einmal die »Durstpillen des Kleinen Prinzen«, das flüssigkeitsfreie Wasser.

Die Bildungspolitik strebt diesem Vorbild gemäß immer mehr statt Lehre die Leere an.
Was soll das werden? Eine Bildung ohne Menschliches und eine Pädagogik am liebsten ohne Kinder?
Nochmals sei Hans Maier zitiert, der seinerzeit einem besonders hochgestochenen Pädagogen sagte: »Ihre Pädagogik wäre ja ganz schön, wenn da nicht die verflixten Kinder wären!« Eine Lehrerbildung ohne Praxisbezug und ohne Besinnung auf den Menschen haben wir schon.

Ein interessantes Phänomen aus all den bestehenden Mängeln ist, dass trotz des Widerstandes so gescheiter Leute wie des Präsidenten des Deutschen Lehrerverbandes Josef Kraus, der wie schon erwähnt, seit Jahren diese Missstände in Wort und Schrift offenbar macht, gewisse Organisationen wie das OECD immer noch mehr Abiturienten fordern.
Kraus sagte einmal, man würde nicht ruhen, bis wir in Deutschland eine Abiturientenquote von 120 Prozent hätten. Statt das einseitige Ausleseverfahren und die mehr als fragwürdige Intelligenzmessung infrage zu stellen, statt darüber nachzudenken, dass wir wieder mehr auf das Handwerk setzen, setzt man offensichtlich auf immer stärkeres Absenken des Niveaus.
Und darauf, dass sich mit einer immer wieder gescheiterten Gesamtschule dieses Ziel erreichen ließe, damit wir noch mehr Studienabbrecher und arbeitslose Akademiker auf den Markt bringen.

Aber was soll's?
Ich jedenfalls habe mir Gedanken gemacht, wie eine solche Niveauabsenkung nach neuesten lerntheoretischen Erkenntnissen möglich wäre.

Dabei sollte man vor allem auf das bewährte Multiple-Choice-Prüfungssystem zurückgreifen und nicht vergessen, dass eine Reduzierung der vier möglichen Antworten auf allenfalls drei auch die Chance auf mehr Abiturienten verbessern könnte. Und selbstverständlich kann man auch auf nur mehr zwei Antworten übergehen, ja sogar im letzten auch nur auf eine Antwort.
Um Missverständnissen vorzubeugen: Die folgenden Vorschläge verstehen sich nur als Anregung und sind ohne Hilfe der Kultusbehörde oder eines Staatsinstitutes nur von mir erarbeitet worden.

Caesars Buch »De bello Gallico« handelt
a) von seinem Krieg gegen die Gallier
b) seiner Gallenoperation
c) von seinem gallischen Hund Bello

»Der Schimmelreiter« stammt von
a) Paul Schockemöhle
b) Gorgonzola
c) Theodor Storm

Bei »Faust« handelt es sich
a) um die Siegerpose von Mario Götze nach seinem Tor gegen Argentinien
b) um ein Werk von Goethe
c) eine Biografie der Gebrüder Klitschko?

DIE INTELLIGENZTESTER

Was halten Sie von der folgenden Definition: »Fische sind Wesen, die mit einem Fischnetz gefangen werden«. Oder mit dieser: »Was man mit einem Fischnetz fangen kann, sind Fische«.
Etwas lächerlich, oder?

Gut, dass die Fische aus dieser Definition keinen gravierenden Schaden nehmen können. Sonst würden womöglich die Tierschützer auf die Barrikaden gehen. Leider hat eine fast gleichwertig dümmliche Bestimmung seit Jahren erheblichen Schaden bei Kindern angerichtet.
Aber Kinder haben offensichtlich keine allzu starken Vertreter hinter sich. Ich kann mich nämlich nicht erinnern, dass in den letzten Jahren der schöne Satz des polnischen Pädagogen Janusz Korczak irgendwie und irgendwo verfochten worden wäre: »Das Kind hat ein Recht auf sein Kind-Sein-Dürfen«.

Ein Satz wie dieser schon eher: »Intelligenz ist das, was man mit dem Intelligenztest messen kann.«
Dieser Satz ist nicht nur die unsinnigste Definition, die ich kenne, er zeugt auch vom Verzicht jedweder Redlichkeit eines Teiles unserer Pädagogik und Psychologie, die darin bestünde, den Gegenstand der Forschung wenigstens zu befragen. Zur Lehrerbildung gehörten früher Vorlesungen und Seminare, in denen man die Frage nach dem Wesen des Menschen stellte. Philosophie führte die zukünftigen Lehrerinnen und Lehrer in Ethik ein und brachte die Thematik der Werte in den Blickpunkt.
Heute ist dieses Thema weitgehend Sonntagsreden von Politikern vorbehalten, die mit Weltuntergangsstimmung über Wandel, Schwund oder gar Untergang jammern, und dies als Wurzel allen

Übels abtun, ohne nur ein Wort darüber zu verlieren, was sie überhaupt als Wert verstehen.
Redlichkeit bedeutet also, dass man am Wort bleibt und nicht von vornherein alles daran setzt, diese mit möglichst vielen Anglizismen, die jeden Engländer zu Heiterkeitsausbrüchen verführen, zu verlieren.
Vor Jahren schon kam diese Frage auf, wenn es um Bildung in Deutschland ging. Für Reden gilt sie auch. Es wird immer mehr über das gesagt, von dem man keine Ahnung hat. Beliebt sind vor allem mehrdeutige Begriffe.
Wie bei dem Begriff Bank nicht ganz unwichtig ist, ob man sein Geld auf eine Sitzgelegenheit im Stadtpark oder ein Geldinstitut legt, müsste doch hin und wieder die Frage gestattet sein, was anderen dieser Begriff »Bildung« in Wörtern wie Bildungsnotstand oder gar Bildungskatastrophe, Bildungschance, Bildungsplanung bedeutet.

Nun aber zurück zum Intelligenztest.
Als ob sich Intelligenz in jedweder Altersstufe ganz genau bis auf mehrere Stellen hinter dem Komma messen ließe? Wenn dieser Eindruck erweckt wird, grenzt das an wissenschaftliche Scharlatanerie.

Grundsätzlich ist zu sagen, dass gerade die exakte Naturwissenschaft der Physik den Begriff der Messbarkeit sogar im Bereich der Materie äußerst kritisch sieht. Ohne ins Detail zu gehen, weiß man, dass sowohl durch die Erkenntnisse im Mikrobereich der Quantenphysik als auch im Makrobereich der sogenannten Chaosforschung erhebliche Probleme mit einer absolut genauen Messung deutlich werden.
Wenn man sich vorstellt, dass die einfachsten kleinsten Teilchen in gewisser Weise nicht eindeutig festlegbar sind, dass jener Flügelschlag des Schmetterlings für größte Unberechenbarkeit sorgen kann und die Meteorologie sich trotz immer größerer Beobachtungsmöglichkeiten auf eine nur über ein paar Tage mögliche Vorherbestimmung des Wetters – und das für alle Zeiten – verfügt, grenzt es schon

an Dummheit und Hybris, wenn man bei einem so komplizierten Wesen wie dem Menschen glaubt, allgemein gültige Messmethoden zur Messung dessen, worüber man nichts Genaues weiß, zur Verfügung zu haben. Das ist, wie wenn man versucht, eine Mücke im Flug mit einer Stecknadel aufzuspießen.

Dem einen oder anderen Geisteswissenschaftler, der sich so gern auf die exakten Naturwissenschaften beruft, sei ein Blick in die Gehirnforschung anempfohlen.
Da entdecken wir nämlich Zahlen von so ungeheuerer Größe, die die viel zitierten astronomischen geradezu klein ausschauen lassen.
Unser Gehirn hat etwa 10 Milliarden Neuronen. Von ihnen gehen so genannte Axonen aus, die es mit 1000 anderen Neuronen vernetzen. Diese Netzverbindungen spielen bei der Entstehung von Gedanken und für das Gedächtnis eine entscheidende Rolle. Das Gehirn kann bekanntlich mehrere Aufgaben gleichzeitig bearbeiten, deshalb können wir es uns als Ansammlung von vielleicht 1000 Modulen mit je 107 Neuronen vorstellen. Sie sind noch dabei? Dann munter weiter im Text.
Wenn von jedem Neuron 1000 verschiedene Verbindungen zu den 10^7 Neuronen im gleichen Modul aufgehen, ist die Zahl der möglichen Verbindungswege in **einem** Modul $10^7 \cdot 10^7 \cdot 10^7 \cdot \ldots$ (und das tausend mal), also 10^{7000}.
Bei einer Gesamtzahl von 10^7 Neuronen kommen wir auf $10^{70000000000}$. Wenn jedes der 1000 Module unabhängig von den anderen arbeiten kann, trägt es $10^{70000000000}$ mögliche Verdrahtungen zu einer Gesamtzahl bei, die $10^{70000000000000}$ beträgt.
»Diese moderne Schätzung aller unterschiedlicher elektrischer Verknüpfungsmuster, die es in einem menschlichen Gehirn geben kann (die Betonung liegt auf **kann**), ist ein Maß für die Anzahl der möglichen Gedanken und Ideen. Die Zahl ist so gigantisch, dass dagegen die Anzahl der Protonen im sichtbaren Universum mit ihren 10^{80} winzig erscheint«. (John D. Barrow. Das 1x1 der Universums. Neue Er-

kenntnisse über die Naturkonstanten, Reibeck bei Aalberg, 2006, S. 115)

Bei solchen exakten Zahlen erübrigt sich wohl ein Kommentar über jene, die heutige Pädagogik und Psychologie beherrschende Behavioristen, die in ihren geradezu lächerlichen Vorstellungen Gedanken, Ideen und Intelligenz punktuell bestimmen und messen zu können glauben.

Damit ist natürlich nicht der Versuch, eine gewisse Ordnung ins Denken zu bringen, gewisse Planungen und Bewertungen vorzunehmen, widersprochen. Aber Ausschließlichkeit?

Gefährlich.

HELMUT
ZÖPFL
WÜRDE
DAS
MIT DER
KOMPETENZ
SEHR GERN
BEGREIFEN

Kompetenz lehren und lernen, das ist offenbar das Gebot der Stunde. In den bayerischen Leerplänen dreht sich heute alles um Vermittlung von Kompetenzen.

Am Anfang hat Helmut Zöpfl ja noch leidlich amüsiert zugeschaut. Inzwischen ist er überaus gespannt, wohin das führen soll. Wobei - eine Vorstellung davon hat er genau genommen schon.

Ziel der Übung: die Kompetenz dafür zu entwickeln, die Nachhaltigkeit der Aufwertung der Kompetenzvermittlung statt Wissens- und Bildungsvermittlung nachvollziehen zu können.

Professor Zöpfl, Sie haben das Wort:

EINE KLEINE GESCHICHTE DER PÄDAGOGIK

Das Internet weiß ja, Bill Gates und Steve Jobs und Tim Berners-Lee sei Dank, heutzutage alles. Zum Stichwort Menschenbild findet sich diese Definition: »Menschenbild ist ein in der philosophischen Anthropologie gebräuchlicher Begriff für die Vorstellung, die jemand vom Wesen des Menschen hat.«
Gestatten Sie mir dazu eine sehr einfache Frage: Haben wir noch eins?
Ganz unwichtig wäre das nicht, denn wonach sollen wir uns richten, gerade in der Bildungs- und der Schulpolitik, wenn wir nicht wissen, wer wir sind, was uns wichtig ist.
In den Zeiten des Pluralismus und Multi-Kulti galt die Ausrichtung an einem Menschenbild als unzeitgemäß. Die Emanzipation, also die Befreiung von der Gesellschaft fiel auch in diese Phase. Auch das, wofür Gesellschaft stand, war nicht mehr gesetzt.
Man musste sein Fähnchen nach dem neuen Wind, der steifen Brise der Gesellschaftskritik ausrichten.

Als oberstes Erziehungsziel galt nun nicht mehr die Einführung in die Normen der jeweiligen Gesellschaft, sondern die Befreiung von ihren Zwängen.
Seinen konkretesten Niederschlag fand das in den Hessischen Rahmenrichtlinien, in denen jedes Unterrichtsfach im Letzten nur dazu zu dienen hatte, den jungen Menschen »kritisch« gegenüber allem Überkommenen zu machen.

Das, was dann kam, ging nicht lange gut, führte sich ad absurdum. Nun war guter Rat teuer, was man denn nun als Ausgangspunkt und Ziel der Pädagogik hernehmen sollte.
Dass der Begriff Pädagogik eigentlich das »Pais« – also das Kind – im Zentrum hat, dass das an sich schon eine Vorgabe gewesen wäre,

dass sich also Erziehung am Kind zu orientieren hat, stand nicht im Mittelpunkt der Diskussion.

Nun schlug die Stunde der Wissenschaft.
Was kann wissenschaftlicher sein als die Wissenschaft, die uns doch so viel Erfolg gebracht hat, und die deshalb nicht zu hinterfragen ist?
Wissenschaft steht im Ruf, automatisch objektiv zu sein. Sie ist allgemeingültig und besitzt dementsprechend auch ihre aus ihr entspringenden Methoden.
Es war die Zeit eines Behaviorismus, der zwar in der eigentlichen Wissenschaftswelt als fragwürdig betrachtet wird, der aber in einer aus der Geisteswissenschaft immer mehr herausgelösten Pädagogik und Psychologie bis heute weitgehend das Denken bestimmt.
Daraus entstand ein nie zuvor dagewesener pädagogischer Optimismus, laut dem der Mensch ein bis ins letzte erforschbares, berechenbares, testierbares Wesen ist.
Motivation war das große Zauberwort geworden. Die Idee: Motivation setzt einen mechanischen Lernvorgang in Kraft, der automatisch zu dem gewünschten Ziel führt. Die von John Locke sehr dezidiert vertretene tabula-rasa-Theorie wurde von der Vorstellung noch übertroffen, der Mensch ließe sich mit den entsprechenden wissenschaftlichen Methoden beliebig formen.
Es begann die bis heute andauernde Hoch-Zeit der Tests. Sie, so meinte man, wären absolut objektiv und damit automatisch wissenschaftlich. Der Mensch wäre demnach in Punkten bewertbar.

Dabei ist der Mensch in dieser Pädagogik längst aus dem Blickpunkt verschwunden.
Wolfram Ellinghaus bemerkte zu dem Forum Bildung, das Anfang 2002 mit den Empfehlungen von Bund und Ländern als oberste Richtschnur galt, dass es die Persönlichkeitsentwicklung bewusst ausschließt. Er stellte fest: »Wer die gesunden Dimensionen aus der Bildung beseitigt, beraubt den Schüler seiner Menschenwürde«.

Ohne jeden Grund wurde eine Abkehr von einer personalen Erziehung vollzogenen, die so große Persönlichkeiten wie Guardini, Josef Pieper, Max Müller, Karl Spaemann, Richard Schwarz, Fritz Stippel begründet und wirkungsvoll vertreten hatten. Als erfreulichen Gegenwartsvertreter dieser Tradition kann auf Klaus Zierer verwiesen werden (vgl. das neuerschienene Buch *Lernen 4.0. Pädagogik vor Technik (2017)* und *Auf dem Weg in eine neue Bildungskatastrophe (2015)*.

Jetzt sind wir da, wo wir sind.
Ist die Kompetenz, Pokémons fangen zu können, eigentlich schon für den Lehrplan Plusplus vorgesehen?

DIE SACHE MIT DEN KOMPETENZEN

Es ist ein neuer Trend in der Schul- und Bildungspolitik, dass konkretes Wissen und Können sowie klare Inhalts- und Zielangaben auf der Strecke bleiben, weil nun der »Erwerb von Kompetenzen« Grundlage und Mittelpunkt des Lehrens darstellt.
Josef Kraus bringt es auf den richtigen Nenner: »Die Theorie, es gehe in der gymnasialen Bildung nicht um die Vermittlung von konkretem Wissen und Können, sondern es müsse vor allem um den Erwerb von Kompetenzen gehen, ist ein Irrweg. Anders ausgedrückt: Die Kompetenzen-Pädagogik entwickelt sich mehr und mehr zum Trojanischen Pferd des Gymnasiums. Nein, wir brauchen wieder eine Anreicherung des Gymnasiums um Inhalte, Stoffe, einem Kanon ...« (Vgl. Josef Kraus Kurzreferat Dialogforum Gymnasium vom 21. Juli 2014)

Die Kultusministerkonferenz hat etwa im Bildungsstandard Deutsch (2012) 94 Kompetenzen genannt. Einige Beispiele:
»Die Schüler können Verstehensbarrieren identifizieren und sie zum Anlass eines textuellen Lesens nehmen.« Oder: »... die Einsicht in die Vorläufigkeit ihrer Versprechensentwürfe zur kontinuierlichen Überarbeitung ihrer Hypothek nutzen. Die Schüler können in geeignete Nutzungszusammenhänge mit grammatikalischen Kategorien argumentieren.«

Da stellen sich ein paar entscheidende Fragen:
Wie kompetent sind Schulpolitiker, die solche Kompetenzen in dieser Weise formulieren?
Wer macht die Lehrer so kompetent, dass sie a) verstehen, was mit solchen Sprüchen gemeint ist und was sie daraus b) bei einem Totalausfall der derzeitigen Lehrerbildung in der Unterrichtspraxis machen können.

Anstatt aus Fehlern, die mit solchem Kompetenz-Geschwafel gemacht wurden, zu lernen, hat man nun – es ist nicht zu glauben – diesen Kompetenz-Unsinn sogar für den elementaren Bereich der Grundschule zum Zentrum eines neuen Lehrplans gemacht, dem sogenannten »Lehrplan Plus Grundschule«.
Die Formulierungen sind fürwahr kabarettreif.
Ausgehend vom Ist-Bestand, von den vielen Problemen unserer Kinder schon im frühen Alter ist es mehr als grotesk, welche Formulierungen einen Lehrer erwarten, der sich plötzlich vor einer Schülerschar sieht, frei von jedweder Praxis in seiner Ausbildung. Eine kleine Auswahl.

Deutsch.
»Die Lernbereiche im Fachlehrplan Deutsch sind identisch mit den Kompetenzbereichen des Kompetenzstrukturmodells.«
»Die Reflexion und Planung des eigenen Lernens sind zentrale Merkmale eines kompetenzorientierten Unterrichts. Schülerinnen und Schüler fassen ihre Schwierigkeiten und Erfolgserlebnisse in Worte und tauschen sich darüber aus, um durch solche bewussten Rückblicke ihr eigenes Lernen zunehmend selbst zu planen und zu steuern. Dies geschieht auch im Rahmen der Lerndokumentation (etwa mittels Portfolio oder Lerntagebüchern). In Lerngesprächen setzen sie sich erreichbare Ziele und überprüfen ihre Fortschritte oder weitere Lernbedürfnisse.«

Angesichts solcher hoher Ziele stellt sich mir die bange Frage, welche ungeheuerlichen Bildungsdefizite ich und all diejenigen, die auf simple Art und Weise Lesen und Schreiben gelernt haben, bis Ende der vierten Klasse weitgehend rechtschreiben konnten, mit sich herumschleppen.

Noch erstaunlicher ist allerdings, wie all die Gestalter eines solchen Lehrplanes trotz ihrer damals noch nicht vorhandenen Kompetenzausstattung so großartige und hohe Werke wie diese zu gestalten in der Lage waren. Wie war es möglich, dass es etwa unsere Lehrerin Anna Bauer ohne so elementare Kenntnisse eines Kompetenzlehrplanes schaffen konnte, dass wir damals problemlos die Aufnahmeprüfung ins Gymnasium schafften? Ohne Sätze wie »Ein geschlechtersensibler Leseunterricht vermeidet klischeehafte Zuschreibung, geht von persönlichem Leseinteresse aus und erweitert das Spektrum der Lese- und Medienerfahrung aller Schülerinnen und Schüler«. Oder: »Die Reflexion über die angemessene Auswahl und gelungene Anordnung von Lesestrategien ist ein wichtiges Element kompetenzorientierten Leseunterrichts.« Oder: »Zur Vorbereitung von Texten und auch während des Schreibens sind neben individueller Autorenschaft auch Autorenteams denkbar, in denen die Heterogenität der Lerngruppe genutzt wird.«

Welch wohl nie mehr nachholbares Bildungsdefizit schleppe ich herum, dass meine Erstklasslehrerin wohl kaum den Satz kannte, dass Schüler bereits ab Schulbeginn die Möglichkeit haben sollten, »eigene kleine Texte zu verschriften, um ihnen die Bedeutung von Schrift für die Kommunikation eigener Erfahrungen anschaulich zu machen und eine grundlegende Schreibmotivation aufzubauen«.
Dabei sei voll rückblickender Trauer in den damaligen Bildungsnotstand der Lehrerschaft auch auf die Unkenntnis so bedeutsamen Worte wie »verschriften« hingewiesen.
Bitte, kann mir jemand sagen, was eine »Kommunikation eigener Erfahrungen ist?«

Vielleicht sollte man angesichts der zugespitzten Lage auf dem wirtschaftlichen und weltpolitischen Sektor weitere zu erreichenden Kompetenzen für sechs- bis neunjährige Kinder nachtragen. Ich mache einige Vorschläge:

Schülerinnen und Schüler entwickeln selbständig Texte, die geeignet sind, mit sofortiger Wirkung alle Krisenherde im Nahen Osten zu beseitigen.
Fächerübergreifend kann sowohl der Musikunterricht als auch die Kunsterziehung zur dauerhaften Sicherung des Weltfriedens beitragen.
Erstellen von friedensfreundlichen Kollagen.
Gemeinsames Singen von pazifistischen Liedern am besten mit Anwendung der erworbenen Englischkenntnisse »All you need is love«.

DER LEHRPLAN GS-PLUS

Anmerkungen zu einem Jahrhundertwerk

Mit dem Lehrplan GS-Plus ist sowohl dem Bayerischen Staatsministerium für Unterricht und Kultur als auch dem Staatsinstitut für Schulqualität und Bildungsforschung (ISB) ein genialer Streich gelungen. Angesichts der Herausforderung durch eine immer pluraler werdende Gesellschaft, in der Multi-Kulti weithin als oberste Richtschur gilt, ist es fast unmöglich, noch konkrete Ziele und Inhalte zu benennen, ohne bei einer (wenn auch noch so kleinen) Gruppe Anstoß zu erregen.
Die geniale Idee des obersten Bildungspolitikers war es nun, auf jegliche inhaltliche Beschreibung zu verzichten und dafür das oberste Dogma zu setzen, dass Schülerinnen und Schüler kompetent gemacht werden müssten.
Insofern ist erstmal der historische Schritt vom Lehrplan geglückt: Die grundsätzliche Übereinstimmung aller zu erreichenden Gruppen erfolgt somit in der Leere bzw. im Nichts. Dazu haben Wissenschaftler, aber auch Praktiker eine Reihe von Prinzipien, die es dabei einzuhalten gilt, herausgearbeitet wie:

- Kompetenzorientierung
- Partizipation
- Experimentierfreudigkeit
- Fehlerfreundlichkeit
- Flexibilität
- Ko-Konstruktion

Greifen wir aus den so konkreten Anweisungen ein paar Begriffe heraus.

Partizipation.
Zweifelsohne handelt es sich dabei um eine Teilnahme. Und selbstverständlich ist es im Sinne der gebotenen Toleranz der Pluralität gegenüber nicht sinnvoll, die Frage zu stellen, woran dieselbe stattfinden sollte. Der Autonomie des Lehrers im Sinne der Olympischen Idee ist also Tür und Tor geöffnet: Er könnte einfach »Teilnehmen ist alles« sagen. So bieten sich etwa Felder an wie Teilnahme an einer Protest-Aktion, aber auch Teilnahme an einer Protest-Aktion gegen die Protest-Aktion. Oder die Teilnahme am traditionellen Brauchtum wie Halloween, Freibierausschank oder Maibaumstehlen.

Experimentierfreudigkeit.
Dieses Prinzip geht mit der Partizipation Hand in Hand: Wir basteln eine Bombe. Wir versuchen, unsere Alkoholverträglichkeit auszutesten. Wir experimentieren mit Rechtschreibung und Grammatik.

Flexibilität.
Diese Kompetenz zu entwickeln gelingt am besten, indem auf jeglichen Standpunkt verzichtet wird. Opportunismus ist oberstes Gebot, was sich in Sprichwörtern verdeutlichen lässt wie: »Wes Brot ich ess, des Lied ich sing« oder »Ubi bene, ibi patria«.

Fehlerfreundlichkeit.
Diesem Prinzip kommt eine besondere Bedeutung zu. Der Lateiner hat das ja in dem Satz »errare humanum est« bereits meisterlich ausgedrückt. Irren und Fehlen wird nun endlich als Ausdruck jedweder Menschlichkeit verstanden.
Regeln haben in Zukunft nur daher ihre Berechtigung, weil sie dazu dienen, durchbrochen zu werden. Wurden Fehler früher (sogar rot!)

angestrichen, so werden sie nun als Ausdruck der Experimentierfreudigkeit und Fehlerfreundlichkeit mit Pluspunkten belohnt.
Je falscher, desto richtiger.
Der in früheren Fibeln auftauchende Fehlerteufel wird mit einem Heiligenschein versehen und ist nunmehr der Schutzpatron der Rechtschreibreform.

DER LEHRPLAN GS-PLUS IN DER PRAXIS (1)

Das Lied »Der Kuckuck und der Esel, die hatten großen Streit« eignet sich in besonderer Weise, im Sinne des neuen Kompetenzlehrplanes der Grundschule eingesetzt zu werden.

Zunächst einmal wird den Schülern anhand von Gestalten aus dem Tierreich eine Parabel für Konfliktsituationen vor Augen geführt. Dies geschieht anhand von so unterschiedlichen Lebewesen wie dem eines Kuckucks und eines Esels, bei denen es sich bekanntlich a) um einen Vogel, b) um ein Säugetier handelt.

Von vornherein liegt also ein Vergleich zu unserer multikulturellen Situation nahe, wo eine teilweise Leistungsgesellschaft ohne Ansehen der individuellen Voraussetzungen Wettbewerb erzwingt, was in unserem Falle eine Art Wettkampf auf dem musischen Sektor darstellt.

Da drängt sich natürlich ein historischer Blick auf ein von Richard Wagner so meisterlich in Wort und Ton gebrachtes früheres Event auf: die »Meistersinger von Nürnberg«.

Und es drängt sich geradezu auf, den Schülern Texte und Arien des Hans Sachs aus dieser Oper im Vergleich mit dem Lied »Der Kuckuck und der Esel« zur sorgfältigen Analyse im Hinblick auf die vom Kompetenzlehrplan geforderten Analyse von Zeichensetzung oder auch der Rhythmisierung zu übergeben.

Die Schüler erkennen, dass sie sich zumindest hin und wieder in einer solchen Wettbewerbssituation befinden, die früh aussortiert und wo nur die Besten eine Chance haben.

Im Gegensatz zu dem immer noch herrschenden Schulsystem aber, wo Lehrerinnen und Lehrer mit Hilfe von Tests und Notengebung eine Art Aussortierung versuchen, verzichten Kuckuck und Esel auf eine Lehrperson, die eine Beurteilung vornimmt. Sie tragen ihren Wettkampf in Selbstreflexion eigenverantwortlich aus, indem sie ihre

Sprach- und Singmöglichkeiten symbolisiert in den Worten »Kuckuck« und »I-Aaaah« einbringen.
Damit erfährt der Schüler die Notwendigkeit einer freien, spontanen Äußerung ohne Rücksicht auf sprachliche oder musikalische Regelung. Parallelen zu der heute in den Schulen praktizierten Form des freien Schreibens können den Schülern somit eindringlich verdeutlicht werden: Schreib, sprich, singe entsprechend deiner sprachlich-gesanglichen Eigenart und Artikulationsmöglichkeit.

Die Hauptbotschaft dieses Liedes ist, dass jene spontane, deutlich und fern und nahe vernehmbare Sprachäußerung offensichtlich zu einem harmonischen Ganzen geworden ist. Das zeigt sich in der schlichten Wertung: »Das klang so schön und lieblich ...«

In einer fast an einen Appell erinnernden elementaren Feststellung heißt es: »Sie sangen alle beide«.
Wie könnte man schöner die Möglichkeit eines Miteinanders trotz unterschiedlichster Gegebenheiten zum Ausdruck bringen? Insofern bietet sich hier im Sinne des fächerübergreifenden Lernens ein Ansatzpunkt für das Fach Ethik an, wo die Sinnhaftigkeit eines Kompromisses erörtert wird.
Damit wird unter anderem die Forderung des Kompetenz-Lehrplanes erfüllt, die da lautet: »Als Voraussetzung für subsidiarisches und soziales Verhalten begreifen Schülerinnen und Schüler den jeweils eigenen Wert aller Menschen, unabhängig von Begabung, Herkunft und Hautfarbe und nehmen am Leben ihrer Mitmenschen Anteil ... In verschiedenen Lebenssituationen gehen sie mit ihren eigenen Gefühlen bewusst um und wenden in altersgemäßer Weise Strategien zur friedlichen Konfliktlösung in ihrem Leben einfach an«.

Eine weitere Möglichkeit bietet sich für eine Begründung und Verdeutlichung einer möglichst frühen Bilingualität, wie beispielsweise beim frühen Erwerb der englischen Sprache. Unabhängig davon nämlich, ob man die fremden Wörter schon versteht, wird durch die rechtzeitige Begegnung mit dem Wortklang schon ein Gespür für Sprachrhythmen und Melodie angebahnt.

DER LEHRPLAN GS-PLUS IN DER PRAXIS (2)

Auch auf dem Gebiet der Musik stellt der Kompetenz-Lehrplan durchdachte Erfordernisse dar:
»In der Begegnung mit stilistisch unterschiedlichen Liedern, Werken, Bewegungs- und Tanzformen nehmen sie (die Schüler und Schülerinnen) Musik ihn ihrer Vielfalt bewusst wahr und stellen ihre Eindrücke in verbalen Ausdrucksformen dar (in Bewegungen oder Bildern). Grafische Notation setzen die Schüler in Klang um und entwickeln klangbezogen individuelle Notationsformen, um erste Erfahrungen zu sammeln, wie Musik schriftlich festgehalten werden kann. Die Kinder reflektieren und kommunizieren über erlebte Musik. Dabei bringen sie Musikstücke in Zusammenhang mit der eigenen Erlebniswelt ... Sie unterscheiden exemplarische Instrumente nach Aussehen, Klang, Spielweise ...«
Damit sollte der Nachwuchs für die Lustigen Musikanten, Voice-Kids oder Let's Dance für alle Zeiten gesichert sein.

Im Folgenden habe ich mich von den Kompetenz-Vorgaben für den Musikunterricht anregen lassen und das Lied »Ein Männlein steht im Walde« für den Unterricht wissenschaftlich aufbereitet:
Selbstverständlich drängt das Lied schon im Vorfeld zu einer Diskussion im Sinne der Gender-Forschung. Auf der einen Seite ist die Frage zu stellen, wie überhaupt ein Lied gesungen werden sollte, in dem eindeutig das männliche Geschlecht dominiert.
Sollte nicht zumindest in der zweiten Strophe eine Frau das Recht haben, besungen zu werden? Dabei tut sich die Frage auf, wie dieses weibliche Wesen betitelt werden sollte: ein Weiblein? Das wäre wohl zu abschätzig. Ein Fräulein? Das ist total veraltet, wo doch bereits Minderjährige heute das Recht haben, als Frau angesprochen zu werden. Was also tun? Bei einer unter den Kindern sicher auflodernden Diskussion geben sich viele Möglichkeiten, beispielsweise über die Rolle der Frau in unserem Liedgut nachzudenken.

Eine Fülle von Liedern bietet sich mit den verschiedensten Frauenbildern an: »Spannenlanger Hansel, nudeldicke Dirn«, »Ännchen von Tharau«, »Suse, liebe Suse, was raschelt im Stroh?«, »Annemierl, Zuckerschnürl«.

Die Tatsache des besagten Männleins im Walde bedarf einer sorgfältigen Reflexion, wobei das Baumsterben und die in der Forstwissenschaft aktuelle Frage zur Sprache kommen muss, wer Präferenzen hat: das Wild oder die Pflanzen?
Damit auch der Aspekt eines weltweiten Denkens berücksichtigt wird, muss die Problematik des zunehmenden Verschwindens des Tropenwaldes zur Sprache kommen. Die erste Klasse könnte eine Projektgruppe bilden, die sich zur Aufgabe setzt, mittelfristig konstruktiv der Abholzung von Regenwäldern in Indonesien einen Riegel vorzuschieben.
Das Mäntlein aus Purpur, das besagtes Männlein trägt, erfordert geradezu eine Diskussion über veraltete Statussymbole auch innerhalb der Kirche.
Auf alle Fälle sollte das Lied in den Sportunterricht als Beispiel für ein anhaltendes Stehen auf einem Bein einfließen.

Schließlich sollten bei alldem die erworbenen Kompetenzen auch in einem objektiv erfassbaren Messergebnis in Form einer Multiple-Choice-Aufgabe überprüft werden:
Aufgabe:
Bei dem Männlein, das still und stumm inmitten des Waldes steht, handelt es sich um
a) einen Spieler des FC Bayern, der aus dem Spielerkader ausgeschlossen wurde
b) um den Weihnachtsmann, der sich auf seinen Einsatz meditativ vorbereitet
c) einen Hagebuttenstrauch
d) einen roten Radler, dem man das Rad gestohlen hat.

HELMUT ZÖPFL ÄRGERT SICH TROTZDEM

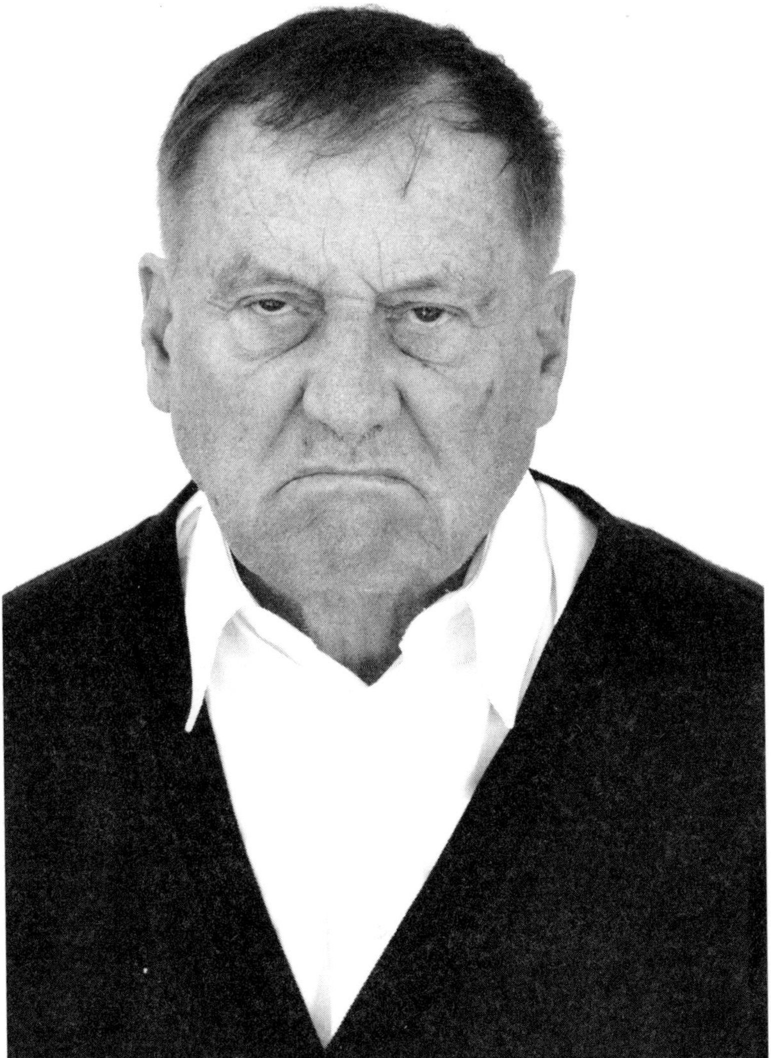

Alles schön und gut, also.
Oder aber auch nicht. Auch wenn man, wie aus nahezu allem, das Beste draus machen kann, fragt sich Helmut Zöpfl, warum man nicht gleich zu einer Pädagogik kommt, aus der man nicht erst das Beste machen muss.

Für den unwahrscheinlichen Fall, dass Sie es noch nicht bemerkt haben: Da braut sich Ungemach zusammen.

Noch einmal Professor Zöpfl, bitte!

SPRACHVERFALL

Haben Sie die Plakate auch schon hängen sehen?
Wir können davon ausgehen, dass in der sogenannten pädagogischen Wissenschaft der gesunde Menschenverstand seit einer Weile steckbrieflich gesucht wird.

Unsere Kinder essen Erdbeerjoghurt aus Schimmelpilzen, wie eine Erdbeere schmeckt, wissen sie nicht. Sie können im Alter von zwei Jahren mit einem Tablet-Computer umgehen, aber der gibt ihnen keine Bussis, er streichelt sie nicht, und er ersetzt auch keinen Teddy-Bären, wenn in der Nacht die dunklen Schatten der Wolken vor dem Mond durchs Zimmer huschen.
Der Kindergarten ist inzwischen auch schon eine Bildungsanstalt, in der immer wichtiger wird, dass die Programmvorgaben erfüllt werden, und dass die Kinder bitteschön keinesfalls dreckig werden. Der Drill, er beginnt, bevor das Kind erfahren hat, wie schön es ist, ein Kind zu sein.

Eigentlich müsste unser Nachwuchs am Ende der Grundschulzeit bei so viel früher Leistungseinforderung perfekt lesen, schreiben und rechnen können.
Das ist ja schon komisch, dass Lehrer im Gegenteil feststellen, dass genau das später als früher eintritt. Als Jugendliche lesen viele keine Bücher mehr, bewegen sich nicht mehr, sie können ihre eigene Sprache nicht mehr schreiben.
Ich behaupte, dass viele Arbeitsblätter, Lückentexte und vor allem das so beliebte Multiple-Choice-Verfahren zu den Totengräbern der deutschen Sprache gehören. Denn all das beraubt ein so wunderbares Gebilde wie Sprache des Gefühls, des Gemüts. Alles wurde stattdessen in überprüfbare Lernzieltaxonomie gepresst, das sogenannte kognitive Moment genoss eindeutig höchste Wertschätzung. Die Auf-

forderung »Freude an Lautmalerei in einem Gedicht zu empfinden« war fast genauso geistreich, als würde man im Mathematikunterricht das folgende affektive Lernziel aufstellen: »Spaß an Wurzelziehen haben und dazu in die Hände klatschen«.

Die Ursachen des Sprachverfalls lassen sich nicht isoliert von einander sehen, dazu gehört auch die Rolle der Medien und einiges mehr. Auch, wenn ich persönlich glaube, dass unsere Schul- und Bildungspolitik insofern versagt hat, als man die Herausforderungen durch Internet, Handy und Smartphone nicht rechtzeitig erkannte und entsprechend pädagogisch nicht reagierte.
Statt die Erlebnisfähigkeit unserer Kinder zu stärken, ihnen einen Grundwortschatz zu geben, in dem elementare Begriffe erarbeitet und gefestigt werden, reagiert man – innovativ.
Es gab schon Kultusminister, die forderten Computereinsatz schon in der Vorschule. Die Rechtschreibreform hatte zur Folge, dass wir unsere eigene Sprache nicht mehr schreiben können.
Dass das neue Regelwerk 2004 und 2006 überarbeitet und erneut reformiert wurde, sorgte für die totale Verwirrung.
Auch unsere Grammatik ist inzwischen ein Trümmerhaufen. Der Depperlapostroph beim Genitiv, wenn überhaupt noch wer des zweiten Falls gewahr ist. Dass es reflexive Verben gibt und solche, die zwingend ein Objekt im Satzbau nach sich ziehen – war da mal was?

Das Klassenziel unserer Sprache zu vereinfachen, haben die 80 Experten von einst jedenfalls klar verfehlt. Leider können wir sie zur Strafe nicht einfach in einen Kerker stecken und den Schlüssel wegwerfen.
Vermutlich hecken sie stattdessen schon wieder neue Pläne aus, wie sich unser Deutsch in Zukunft noch mehr dem Lingualniveau der Privatfernsehmacher oder Schlagertexter annähern kann. Mir macht der Gedanke Angst.

Ausgehend von der Überlegung, dass den Kindern das Schreiben durch zu viel und zu frühe Korrektur das Erzählen von Geschichten verleiden könnte, war – zeitlich gar nicht so weit von den Rechtschreibreformen entfernt – das freie Schreiben erfunden worden: »Schreibe einfach drauflos!« Es ist nicht so wichtig, ob alles richtig geschrieben wird. Hauptsache, du kannst deine Gedanken frei und ungehemmt zu Papier bringen.
Irgendwann, so hoffte man, würde man die neue Dichtergeneration schon dazu bringen, die Frühwerke ihrer schriftstellerischen Tätigkeit doch noch mit gewissen Regeln und Strukturen zu versehen. Von wegen.
Simpelste Erkenntnisse wurden einfach über Bord geworfen. Dass sich Fehlerhaftes, das erst einmal tief ins Gedächtnis eingeprägt ist, nur sehr schwer wieder richtigstellen lässt, ist eine solche.
Heute wissen wir, dass diese scheinbare Freiheit ebenso wie die Unverbindlichkeiten der Rechtschreibung zu Beliebigkeit geführt haben.
Gymnasiallehrer können ein Lied davon singen, auf welchem Sprachniveau sich manche Kinder in der Grundschule bewegen.

Was nun?
Laut einer Studie der Universität Hamburg von 2011 können 7,5 Millionen Menschen in unserem Land nicht richtig lesen und schreiben.
Das sind drei Millionen mehr als vor der Reform.
Aber man ist ja innovativ.
Das macht mir auch Angst.

Es gibt noch etwas.
Ausgehend vom Wissen, dass die frühkindliche Phase eine äußerst bildsame wäre, wurde einem immer früheren Erwerb einer Fremdsprache das Wort geredet. Und ja, es gibt viele Kinder, die zweisprachig aufwachsen und daraus auch ein gehöriges Maß an Sprachgefühl mitnehmen.

Zweisprachig aufwachsen ist aber etwas völlig anderes wie das Erlernen einer Fremdsprache, wenn man die eigene noch nicht richtig beherrscht.
Können die Kinder also heute besser Deutsch oder Fremdsprachen als früher? Das war übrigens eine rhetorische Frage.

Wir leben ja heute in zwei Welten. Auch das hat Folgen für den Sprachverfall.
Das Mitteilungsbedürfnis hat in der virtuellen Welt geradezu exhibitionistische Züge angenommen. Aber dieses »Mitteilen« steht unter dem Gebot »möglichst kurz«.
Ein Bild des Mitteilungszustandes zu verschicken, erübrigt sprachliche Beschreibung.
Für alle anderen Beschreibungen jedweden Gemütszustands genügen lange schon die Wörter »cool« und »geil«. Damit ist auch Eichendorffs Gedicht »Lieblich war die Maiennacht« zusammengefasst. Praktisch, finden Sie nicht? Ich nicht.

DIE METHODIKOPTIMISTEN

Am Ende soll immer die Wissenschaft alles erklären.
Ganz wichtig sind dabei die Methoden. Methode ist regelrecht ein Zauberwort. Und schon befinden wir uns in einem Trial- und Errorfestival, gegen das sich die Irrfahrten des Odysseus ausnehmen wie der Besuch im Spiegelkabinett auf dem Oktoberfest.

Eine Methode, wie man heute pseudowissenschaftlich vorgeht, ist der weitgehende Verzicht auf Fragen nach Inhalten oder konkreten Zielen, möglichst ohne auf die anthropologischen, psychologischen Gegebenheiten sowie auf die gesellschaftlichen Probleme einzugehen.

Was heißt das überhaupt, dieses Wort, das vom griechischen Methodes stammt? Es steckt ja auch das Wort Hodos – der Weg – drin. Was bedeuten würde, dass man sich womöglich über die Wegbeschaffenheit Gedanken machen müsste. Oder gar über das Ziel.
Gemäß dem schönen österreichischen Schlager »Der Papa wird's schon richten« galt und gilt: Mit der richtigen Methode gelangen wir todsicher ans gewünschte Ziel, das dabei aber im Dunkeln bleibt. Dann kann nichts schief gehen.

Helmut Qualtinger hat es so formuliert: »Wir wissen nicht mehr, wohin wir wollen, dafür sind wir um so eher dort«.
Methoden dienen in diesem (Lern-)Verständnis im Besonderen dazu, den Lernprozess möglichst effektiv zu organisieren und möglichst viele Tests und Standards zu erfinden, die eine objektive Kontrolle des so organisierten Lernprozesses zu ermöglichen.
Was und warum getestet wird, ist unwichtig. Hauptsache, die entsprechende Punktzahl wird erreicht.

Was beispielsweise den Deutsch- und Sprachunterricht anbetrifft, stellt Josef Kraus im Hinblick auf die dort kritiklos geltenden Mess- und Testmethoden fest: »Bildung ist das, was ein Test misst oder die OECD auszuwählen vorgibt. Mit Sprache oder sprachlicher Bildung hat das wenig zu tun. Hier definiert die Messmethode das Objekt der Messung. Siehe die Tatsache, dass Deutschtests mittlerweile teilweise zu Ankreuz-Tests verkommen sind! (...) Und Naivlinge meinen, das habe mit literarischer Bildung zu tun! (...) Bildung, gerade sprachliche Bildung, wird durch solche Operationalisierung aber verarmt.« (Josef Kraus, Sprachliche Bildung ist nicht alles, aber ohne sprachliche Bildung ist alles nichts. Festvortrag vor dem Verein Deutscher Sprache, 2013, unveröffentlichtes Manuskript).

Ein leider kaum ausgesprochenes Dogma lautet: Man kann aus allem alles machen, wenn nur die Methode stimmt. Lassen Sie uns dieses Dogma am Beispiel »Faust« einmal überprüfen:
Eine wichtige Rolle bei diesem Methoden-Optimismus spielt der Begriff Motivation. Dabei geht man von mechanischem Denken aus. Durch die richtige Motivation (Motivation von lat. movere) ließe sich der Mensch beliebig überall hinbewegen. Das weitgehend mechanische Denken geht also von einer Möglichkeit einer bzw. mehrerer Initialzündungen des Lern-Prozesses aus.
»Hast du richtig motiviert, läuft die Bildung wie geschmiert« (aus: L.A. Bätsch »Meine Pädagogischen Leeren«).
Eine zwar nicht näher untersuchte wissenschaftliche Quelle des Erfolgs aller pädagogischen Methoden ist der »Spaß«, oder besser gesagt der »Fun«. Dabei wird ohne nähere Begründung und unter Ausschluss jedweder anthropologischen Überlegung dogmatisch festgelegt, dass eigentlich alles, was gelernt werden soll und muss, Spaß machen kann, ja eigentlich nur das beim Schüler ankommt, was Spaß macht. Das Erfolgsrezept jeder Didaktik ist das »Bespaßen«. Der Lehrer wird zum »Spaßmacher«, die Schule zur »Spaßanstalt«, Arbeit und Anstrengung haben darin wenig verloren. Das zeigt sich

vornehmlich an diversen Unterrichtsmaterialien, die da am pädagogisch erfolgreichsten gelten, wo sie immer mehr Comics gleichen. Dabei schreckt man nicht einmal im Lateinunterricht davon ab, Gründlichkeit und Genauigkeit, systematisches Erlernen von Verben, Deklinationen, Konjugationen usw. zurückzudrängen zugunsten von irgendwelchen Spaßtexten, in denen Cicero eindeutig die Schau von Asterix und Obelix gestohlen wurde. Als Vater von drei Kindern habe ich diese »Beliebigkeit« in ihrem Höhepunkt (besser Tiefpunkt) beim Lateinbuch »Felix« erlebt. Auch da warnt Josef Kraus schon vor Jahren: »Spaß ist etwas anderes als Freude ... außerdem bedarf der Spaß der steten Reizerneuerung, sonst kehrt ja permanente Langeweile ein. Spaß ist das Vertreiben der Zeit ... In eine Analogie gebracht, heißt das: Spaß verhält sich zu Freude wie Oberfläche zu Tiefgang.«

HELMUT ZÖPFL MACHT SICH SO SEINE GEDANKEN

Heureka, rief einst Archimedes. Und ist es nicht bedauerlich, dass die Zeit kommen wird, da niemand mehr weiß, wer Archimedes ist? Weil ganz andere Dinge immer wichtiger werden als diejenigen, die die Kultur des Abendlandes über Hunderte, ja Tausende Jahre geprägt haben.

Wir bilden jetzt bitte einige Arbeitskreise, und am Ende präsentiert jeder fünf Weisheiten unserer Vorfahren, die wir besser nicht vergessen sollten.

Helmut Zöpfl stellt derweil seine eigenen Gedanken zum Thema vor.
Und bitte:

WENN ICH MIR VORSTELLE …,

dass ich in einer Zeit aufgewachsen bin, in der …

… man noch ohne lesen, schreiben und rechnen zu können, in die Schule gekommen ist

… noch 50 Kinder in einer Klasse waren

… die Lehrerin noch mit kratzender Kreide an eine alte Schultafel schrieb

… es also weder Overheadprojektor noch gar PowerPoint gab

… wir noch keine Arbeitsblätter mit Multiple-Choice und Lückentexten ausfüllen konnten

… unsere Knabenschule in Erding nicht regelmäßig evaluiert wurde

… unsere Lehrerin wider jede moderne pädagogische Vernunft noch Gutzettel und Sterne verteilte, anstatt uns intrinsisch zu motivieren

… das einzige vom Schulamt subventionierte Arbeitsmittel ein Tatzensteckerl war

… ich kein Chance hatte, eine Kinderuniversität zu besuchen

… keine Pisa- oder Iglu-Studie den Lehrern unseren Wissensstand mitteilte

… keine Rechtschreibreform uns klare Linien vorgab

… wir unsere Konflikte noch nach der Schule auf dem Schulweg, ohne Konfliktlösungsstrategien und geschulte Mediatoren austragen mussten

… unsere Lehrerin mit einem Pfeiferl beim Völkerballspielen zusah, und keiner von uns einen eigenen Personaltrainer hatte

… wir unsere Schulspeisung ohne genaue Kalorienbezeichnung nicht in Tupperware, sondern in unsterilisierten Haferln zu uns nehmen mussten

… der Schulübertritt noch nicht vom Elternwillen geregelt wurde und wir unsere Zeugnisse nicht selber schreiben durften …

Wenn ich all diese misslichen Faktoren in meiner Schulbiografie betrachte, dann ist es eigentlich kein Wunder, dass ich es bis heute noch nicht zu einem gescheiten Burnout gebracht habe.

DIE KARTOFFEL-AUFGABE

Dr. Emanuel Voß, der die 10. Klasse des Lothar-Matthäus-Gymnasiums übernommen hatte, drohte gleich bei der ersten Schulaufgabe, die er in Mathematik gestellt hatte, zu verzweifeln. Sie ging so:

Ein Bauer erntet auf einer Fläche von einem Hektar in einem Jahr vier Zentner Kartoffeln. Wie viel Zentner wird er in drei Jahren auf einer doppelt so großen Fläche erwirtschaften?
Ergebnis:
Vierzig Prozent der 30 Schüler schnitten mit 6 ab, 30 Prozent erhielten eine 5, 20 Prozent eine 4 und nur 10 Prozent bekamen als beste Note eine 3.
Bei der Bekanntgabe, dass 40 Prozent mit ungenügend abgeschnitten hätten, erlebte er den nächsten Schock, als sich nämlich der Klassensprecher meldete: »40 Prozent? Das geht ja gar nicht, Herr Dr. Voß, wir haben ja nur 30 Schüler in der Klasse!«
Dr. Voß sah sich genötigt, der Oberstudiendirektorin Frau Dr. Müller-Miller, die gerade die Leitung der Schule übernommen hatte, Mitteilung zu machen. Diese gab die Meldung an den Gymnasialbeauftragten Waldemar Kügele weiter, welcher zunächst entsetzt reagierte. War er es doch gewesen, der maßgebend den neuen Mathematiklehrplan bestimmt und unter das Motto »Spaß macht Freude« gestellt hatte. In der Ausarbeitungskommission hatten sich immerhin so bedeutsame Wissenschaftler wie der pädagogische Psychologe Prof. Watschelmann befunden, der das Buch »Motivation durch Motivieren« geschrieben hatte. Ebenso gehörte ihr Frau Dr. Schwenk-Hammermann an, deren Habilitation über die »nonverbale Kommunikation fötaler Drillinge« den Wolfgang-Löscher-Preis gewonnen hatte, und Dr. Eisenhüttel, der Rektor der Kinderuniversität für Hypermotoriker.

Der Vorfall wurde an die Frühdiagnostische Koordinator-Kommission, kurz FKK, zur Evaluation übergeben. Sie kam zum Ergebnis, es könne an der neuen Methode nicht gelegen haben, und das habe man mit den modernsten Forschungsmethoden festgestellt.
Angesichts des mit über zehn Millionen Euro dotierten Forschungsberichtes des FKK wäre es wissenschaftlich improbabel, dass im Einzelfall ein Misserfolg auftreten könne, noch dazu angesichts der mit dem im Projekt »Exercitia Paedagogica« ausgebildeten Lehrkräfte. Der eigentliche Grund liege vielmehr an der verfehlten Aufgabenstellung. So entsprächen die verwendeten Begriffe nicht dem Sprachschatz unserer Sekundarstufeschüler. Allenfalls müsse man über das Motto des Projektes nachdenken und es von »Spaß macht Freude« in »Freude macht Spaß« umbenennen.

Die Kommission schlug schließlich die neue Aufgabenstellung vor: Das Wichtigste: Das Wort Bauer wird durch »Agrologe« ersetzt. In der Folge genüge es, wenn die Schüler die Fragen beantworten könnten:

1. Wie viel Doppelzentner erzielt ein Agrologe, wenn er acht Zentner Kartoffeln in drei Jahren erntet?
2. Wie viele Monate haben drei Jahre?
3. Mit wie vielen »f« schreibt man Kartoffelpuffer?

Der Anweisung wurde spontan Folge geleistet, und das Ergebnis fiel weit positiver aus.
Nun schnitten nur noch 30 Prozent mit der Note »ungenügend« ab, 40 Prozent mit »mangelhaft«, 10 Prozent mit »ausreichend« und sogar 20 Prozent mit »befriedigend«.
Die Kommission sah sich zunächst einmal bestätigt.
Es war allerdings die Zeit des beginnenden Pisa-Vergleiches, und man kam auf persönliche Intervention des Ministerpräsidenten zur Überzeugung, im Ländervergleich noch erfolgreicher abschneiden

zu müssen. So schlug die FKK vor, die Evaluation in Form eines Projektes zu starten.
Wir starten ein Projekt:

1. Wir besuchen drei bayerische Wirtshäuser und stellen fest, wie oft Kartoffelknödel und Kartoffelsalat als Beilage angeboten werden. Daraufhin besuchen wir drei chinesische Lokale und stellen einen Vergleich her.
2. Wir vergleichen die Wirkung eines Tellers Kartoffelbrei mit der von drei Gläsern Kartoffelschnaps und diskutieren darüber.
3. Wir gestalten ein Streitgespräch zwischen einem Kartoffel-, einem Semmel- und einem Leberknödel.
4. Wir zeichnen eine Kartoffel.

Nun ergab die Evaluation ein noch besseres Bild, das lediglich durch eine etwas voreilige Einbeziehung der strengen Kunsterzieherin Beate Polus etwas getrübt wurde, die für die Kartoffelzeichnungen durchwegs schlechte Noten gab. Immerhin reduzierte sich die Zahl der ungenügenden Leistungen auf 20 Prozent.
So startete man einen letzten Versuch.
Aufgabenstellung:

1. Wir stellen eine Schüssel Kartoffelsalat her.
2. Anschließend besuchen wir das Kartoffelmuseum in München (Grafinger Str. 3).

Das Ergebnis der neuesten Evaluation liegt leider bisher noch nicht vor, weil die FKK zunächst evaluieren muss, zu welchen Entscheidungen man angesichts der neuen Richtlinien des Agrarministeriums im Hinblick auf die Diskussion über genmanipulierte Kartoffeln gelangt.

HEU-REKA

Manche werden sich vielleicht noch an die von Plutarch überlieferte Anekdote erinnern, nach der Archimedes im Bade liegend plötzlich »Heureka« gerufen hat, als er ein später nach ihm benanntes Prinzip entdeckt hatte. Nicht um »Heureka«, sondern nur um Heu geht es in der wohl schönsten Geschichte, die ich vor einiger Zeit in der Presse gelesen habe. Ein, vielleicht waren es auch zwei Ministerien, denn einem allein ist wohl gar nicht möglich, eine solche grandiose Aktion zu starten, verschickten an bayrische Grundschulen Heu.

Beliefert wurden sinnvoller Weise nicht nur Stadt-, sondern auch Landschulen, wie ich weiß. Man kann sich die freudige Überraschung der Schulleiter(innen) und des gesamten Lehrerkollegs ausmalen, wenn sie, sagen wir einmal, in Bodenmais, gespannt das Päckchen von einer Behörde öffneten, die bislang lediglich an die zehn E-Mails pro Tag mit irgendwelchen Neuverordnungen verschickt hatte, und den erstaunten Nasen der Geruch eines Bündels frischen Heus entgegenduftete.

Ich kann mir vorstellen, dass es den Kindern, denen man dann gestattete, nicht nur ausgiebig an dem Packerlinhalt zu schnuppern, sondern sogar hineinzulangen, ähnlich gegangen sein muss wie uns, als wir in der Nachkriegszeit ein Packerl von meinem lieben Onkel und der Tante Regina bekamen.

Großzügige Lehrkräfte haben vielleicht als Krönung dieser Aktion beispielsweise dem Thomas sogar noch gestattet, seinem Vater, dem Bauern Lechner, ein paar getrocknete Halme mit einem schönen Gruß vom Minister nach Hause zu bringen, damit auch er wieder eine echte Naturerfahrung machen könnte. Dass die Schulen in der Stadt, die meist nicht nur über einen Schulgarten oder eine Wiese, oder einen großen Sportplatz in der Nähe verfügen, über dieses einzigartige Naturgeschenk mehr gestaunt haben, als wäre ein Ufo im Pausenhof gelandet, versteht sich von selbst.

Für solche neue Lernerfahrungen sind die etwa 120 000 Euro, die diese Heuaktion den Steuerzahler gekostet haben soll, gut angelegt, wenn man sie mit den Kosten zur Anschaffung moderner Lernmittel bis zum klasseneigenen Computer vergleicht. Noch dazu, wo dieses Büschel Heu, wenn man von den Lagerkosten absieht, keine teuren Wartungsgelder und keinen Strom erfordert.

Dieses Heu-Projekt dürfte eine ganz neue Ära in unserem Medien-Zeitalter eingeleitet haben.
War man über viele Jahre davon ausgegangen, dass Bildung nur durch aufwändigen Medieneinsatz vermittelt beziehungsweise durch einen Nürnberger Trichter eingeflößt werden könne, kommt nun ein Minister, Staatssekretär oder Ministerialdirektor auf die Innovation, die Kinder an der unmittelbaren Wirklichkeit zu bilden – und nicht mehr in erster Linie medial (was ja »vermittelt« heißt).

Man fühlt sich fast an das Unterrichtsprinzip der »originalen Begegnung« erinnert. Das hat der Lehrerstudent zwar bereits im ersten Semester oder im Praktikum an der Pädagogischen Hochschule gelernt, infolge akademischer Praxisferne bald aber auch wieder vergessen. So könnten sich im Hinblick auf die Didaktik im Sinne einer – wie sollen wir es wissenschaftswirksam nennen – »Real-Tasting-Reform« (Name geschützt. Helmut Zöpfl) eine Revolution ereignen: Die Verdeutlichung erfolgt nicht mehr durch PowerPoint, sondern durch Ergreifen, Angreifen und Begreifen der Wirklichkeit.
Man darf gespannt sein, wie die Wirtschaft auf diese neue Herausforderung reagiert und ob eines Tages die alte Schultafel wieder vom Lehrer handbeschrieben wird. Und ob der Sandkasten noch mal im Klassenzimmer auftaucht.

Schon heute möchte ich aber ein paar Innovationen für eine neue Erlebniswelt in der Schule anbieten.

Wie wäre es, wenn sozusagen als zweite Lerninitiative an Schulen zwecks Geruchsintensivierung auch noch ein Flascherl Originalabfüllung Odelgrube vom Leitner Bauer in Kirchach verschickt wird? Oder Kuhfladen (es gibt übrigens eine wissenschaftliche Untersuchung, die zeigt, dass Kuhfladen nach Vanille schmecken. Vgl. Gunther Müller, Fette Vögel gehen öfter fremd, 2012, S.19 ff).
Ältere Generationen werden sich ans »Barfußlaufen« erinnern, das seinen Höhepunkt in der vom warmen Regen aufgeweichten Erde, im so genannten Baaz fand. Da Barfußlaufen in der Öffentlichkeit in unserer zunehmenden Remoralisierung fast schon einen exhibitionistischen Anschein haben könnte, wäre es doch vielleicht sinnvoll, solchen Baaz in die Schulen zu verschicken.

Ich werde versuchen, hernach den Scheich von Dubai zu erreichen, um ihm die Heureka-Idee zu verkaufen. Bestimmt ist auch er höchst interessiert, den dortigen Schulen ein paar Tonnen Wüstensand zwecks Primärerfahrung zu liefern, vielleicht sogar zu besseren Konditionen als unsere Versender.

Die Versorgung der paar Zwergschulen auf unseren Halligen mit echtem Meerwasser – damit die Kinder dort die ihnen längst bekannte Formel H_2O wirklichkeitsgemäß erfahren könnten – sorgt wahrscheinlich nicht für übermäßigen Absatz, die Lieferung von Eisstückchen an Eskimos in den Iglu-Schulen scheint da Erfolg versprechender. Womöglich ließe sich mit Langnese, Mövenpick oder Dr. Oetker vereinbaren, dass sie ein geschmackloses Wasser-Natur-Eis in ihre Produktion aufnähmen.

Liebe Pädagoginnen und Pädagogen, Sie sehen, es gibt keinen Grund, zu früh dem Burnout zu verfallen.
Wenn es nicht die Kinder oder auch Eltern sind, unsere ihnen vorgesetzten Behörden bemühen sich immer wieder neu, Sie mit neuen Ideen zu unterstützen.

Ach ja, beinahe hätte ich es vergessen. Entsprechend der Anekdote soll Archimedes aus der Badewanne, als ihm der Gedanke kam, aufgesprungen sein und dieses »Heureka« rufend splitternackt durch Syrakus gelaufen sein. Bisher habe ich allerdings noch nicht herausgebracht, ob der ministeriale Erfinder des Heuversandes dem antiken Beispiel gefolgt ist. So ein »Blitzer« mit dem Ruf »Heureka« auf den Lippen und einem Bündel Heu in der Hand wäre doch auch eine echte Innovation.

UNTERRICHT HEUTE

Lehrer:
Also, Maik-Leon, kannst du mir sagen, unter welchem Herrscher Christus auf die Welt gekommen ist?

Maik-Leon:
Ja mei, das war der Dings, also, der Dings war's, der Dings, der …

Lehrer:
Ist nicht so schlimm, wenn du das nicht gleich weißt. Ich würde dir ein paar Namen von Herrschern und Herrscherinnen nennen, und du suchst dir dann den richtigen aus: Karl der Große, Katharina die Große, Alexander der Große, Kaiser Augustus, Kaiser Franz Beckenbauer, Maria Theresia, Napoleon und Edmund Stoiber.

Maik-Leon:
Das war der, der, der Dings, der Dings, der …

Lehrer:
Keine Panik, Maik-Leon, du hast ja noch alle Joker. Welchen willst du denn zuerst?

Maik-Leon:
Den Ausschluss-Joker.

Lehrer:
Gut, ich drücke den Knopf und es bleiben übrig: Maria Theresia, Kaiser Augustus, Katharina die Große und Alexander der Große.

Maik-Leon:
Dann war's der Dings, nein die Dings, die …

Lehrer:
Aha, du bist dir nicht ganz sicher, ob es ein Mann oder eine Frau ist. Nimm doch einfach den Publikums-Joker und frag deine Klasse. Also, wer glaubt, dass es ein Mann ist, soll aufstehen. Ich zähle ab, es stehen, Moment mal, sechzehn, vierzehn bleiben sitzen. Also, Maik-Leon …

Maik-Leon:
Ja, dann ist's wahrscheinlich ein Mann.

Lehrer:
Sehr gut. Du hast dich richtig entschieden. Und was meinst du wohl, wer von den beiden es war, Kaiser Augustus oder Alexander der Große?

Maik-Leon:
Moment mal, der Name Alexander kommt mir schon irgendwie bekannt vor. Da hab ich doch neulich einen alten Film bei meiner Oma gesehen, wo er Frauenkleider angehabt hat. Und gesungen hat er auch. Meine Oma sagte, sie kennt die ganzen Alexander-Filme und er war ein großer Entertainer.

Lehrer:
Du meinst Peter Alexander. Hier geht es um Alexander den Großen. Aber immer noch kein Problem, du hast ja noch den Telefon-Joker. Wen willst du denn anrufen?

Maik-Leon:
Den Alexander.

Lehrer:
Das geht leider nicht. Alexander der Große ist etwa 300 Jahre vor Christi Geburt geboren. Oh Gott, jetzt hab ich dir aber einen großen Tipp gegeben. Was schließt du also daraus?

Maik-Leon:
Dass er bei Christi Geburt schon sehr alt war.

Lehrer:
Hm, nein. So alt ist er nicht geworden, soviel darf ich dir verraten …

Maik-Leon:
Dann kann er es nicht gewesen sein.

Lehrer:
Sehr gut, und wer war es dann?

Kai-Uwe:
Dann war es der andere. Jetzt habe ich leider den Namen vergessen.

Lehrer:
Macht nichts, aber du bist sogar ohne Telefon-Joker auf die richtige Lösung gekommen. Das gibt eine Eins in Geschichte und Religion. Du bist und bleibst mein bestes Pferd im Stall.

Lehrer (zu sich):
Also, ich versteh das ganze Gejammer um den Bildungsnotstand in Deutschland einfach nicht. Ich sag's schon die ganze Zeit, es liegt nicht am Wissensdefizit unserer Kinder, sondern ganz allein an der Fragemethode.

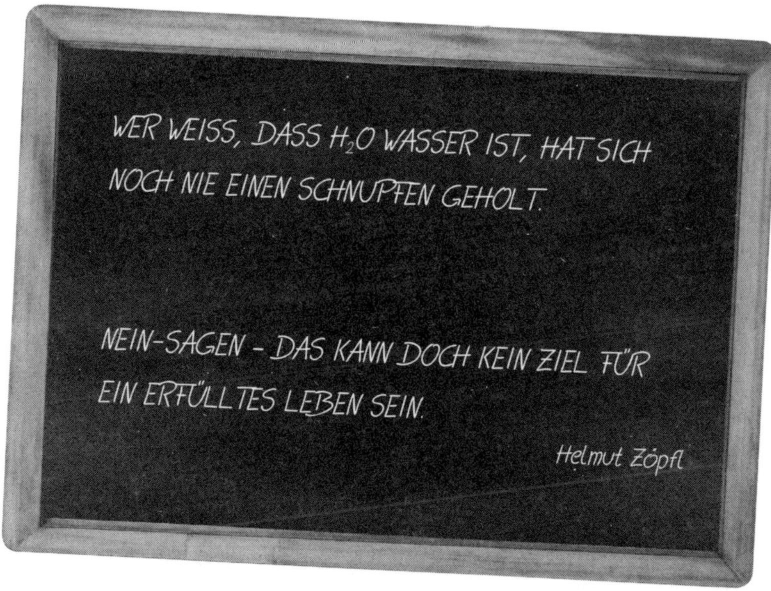
WER WEISS, DASS H_2O WASSER IST, HAT SICH NOCH NIE EINEN SCHNUPFEN GEHOLT.
NEIN-SAGEN – DAS KANN DOCH KEIN ZIEL FÜR EIN ERFÜLLTES LEBEN SEIN.
Helmut Zöpfl

HELMUT ZÖPFL HAT SEINEN HUMOR NICHT VERLOREN

So, herzlichen Dank für die Mitarbeit, liebe Schülerinnen und Schüler.

Wer möchte, kann seine fünf persönlichen Weisheiten nach dieser Leerstunde per E-Mail an helmut.zoepfl@gmx.de schicken. Die schönsten Beiträge werden im Anschluss im Internet veröffentlicht.

Derweil machen wir hier getreu dem alten Sprichwort »Wer zuletzt lacht, lacht am besten« weiter. Mal sehen, ob das Sprichwort stimmt.

Jeder hier im Klassenzimmer sucht sich im Anschluss einen Beitrag aus diesem Kapitel aus, das er laut vorliest.

ALLES EINE FRAGE DER MOTIVATION

Also, man kann so und so zum Fortschritt stehen, von dem Josef Meinrad einmal gesagt hat, er besteht darin, dass wir immer mehr wissen, aber immer weniger davon haben. In einem Punkt aber muss man sagen, hat es wirklich in den letzten Jahren große Fortschritte gegeben: in der Schule.
Mein Gott, denken Sie an Ihre eigene Schulzeit zurück und vergleichen Sie sie mit heute! Wenn ich mir unser Klassenzimmer in den ersten Grundschuljahren in Erding vorstelle, wie es ausgestattet war: eine schwarze Wandtafel, ein paar weiße Kreiden, die so furchtbar gekratzt haben, dass ich immer eine Gänsehaut bekommen habe, und … ja und ein Tatzensteckerl auf dem ramponierten Lehrerpult. Kreide und Steckerl waren damals mutmaßlich die einzigen Medien, die das Schulamt zur Verfügung stellte.
Und jetzt schauen Sie sich einmal an, was jede Schule heutzutage gestellt bekommt, damit die Schüler einen immer noch effizienteren Lernerfolg haben und so möglichst eine Übertrittsrate von 120 Prozent ans Gymnasium erfolgen kann.
Heutzutage kann es sich kein Lehrer mehr leisten, bei der Vermittlung auch nur des einfachsten Stoffes auf PowerPoint zu verzichten. Unvorstellbar, dass man früher einen Text einfach an die Tafel geschrieben hat.

Denken Sie nur an ein Lied wie »Hänschen klein ging allein«. Es wäre heute geradezu unverantwortlich, einen solch abstrakten Text Kindern ohne Hilfsmittel zuzumuten!
Mit Hilfe von PowerPoint ist man nun Gott sei Dank in der Lage, in Bild und Ton zu verdeutlichen, was ein »Alleingehen« in eine weite Welt eigentlich ist. Und wie sich ein solcher Bewegungsablauf des kleinen Hans vollzogen haben kann.

Auch das Zubehör dieses »in die weite Welt-Gehens« – Stock und Hut – bedürfen selbstverständlich einer intensiven verdeutlichten Darstellung, zumal sich Kindern heute die Frage stellen wird, warum Hänschen einen Stock und nicht sein Smartphone mitgenommen hat. Und was er mit einem Hut will, der ist ja total uncool.
Dem Aufsetzen eines Caps steht leider der Reim entgegen, Cap reimt sich nicht besonders auf »gut«.
Auch das für Kinderohren inzwischen fremdländisch klingende Adjektiv »wohlgemut« bedarf natürlich einer PowerPoint-Verdeutlichung. Man wird sich fragen müssen, wieweit man hier nicht einige aus der Werbung bekannte Ausdrücke zur Veranschaulichung heranziehen muss.

Hänschen klein hin, Hänschen klein her. Allein an PowerPoint sieht man deutlich diesen enormen Fortschritt seit dem Tatzensteckerl. Vom PowerStick zu PowerPoint.
Wenn man sich vorstellt, dass früher die Hauptmotivation fürs Lernen die Androhung der Tatzen war – oder noch schlimmer des Holzscheitel-Kniens. Ältere Jahrgänge wissen, wovon ich spreche. Gewissenhafte Lehrer hatten als weiteres pädagogisch-didaktisches Accessoire ein Holzscheit neben dem Pult liegen, das sie, obwohl sie es wegen der damaligen Brennstoffknappheit gerne zuhause verheizt hätten, aufopfernd dem Lernfortschritt der Schüler zur Verfügung stellten, da es noch vor den »Übergelegten« – also Schläge aufs Hinterteil – die einprägsamste Strafmaßnahme war, wenn man auf einer Kante knien musste. Wie lange, das oblag dem Gutdünken des Lehrers.
Es wäre einer interessanten wissenschaftlichen Untersuchung wert, wie viele spätere Arthrosen auf diesen erzieherischen Akt zurückgehen. Aber das ist alles Schnee – beziehungsweise was die Holzscheite anbetrifft, Asche – von gestern.

Der wohl wichtigste Schritt in die Moderne war die Erfindung des Motivationsbegriffs, der körperliche Strafen ebenso überflüssig gemacht hat wie Lob und Tadel.
Diese entscheidendste Erkenntnis von allen kam von dem pädagogischen Psychologen Hans Scheifele, der, ausgehend von dem lateinischen Wort »movere«, erkannte, dass der Mensch schon ab frühester Kindheit ein »homo movendus« sei.
Scheifele beruft sich auf das bekannte Zitat von Laertius Rufus maior: Nihil studetur, nisi primum movetur. Auf Deutsch: Jedem Lernen geht eine Motivation voraus.
Die Scheifelianer, seine Schüler (wie Zandl, Grenzl) differenzierten diesen Ansatz, indem sie der Motivation den Namen Lernmotivierung gaben und diesen in zwei grundsätzliche Begriffe unterteilten, der extrinsischen und der intrinsischen Motivierung.
Auch wenn sie dieser zentralen Erkenntnis ein dreibändiges, jeweils 800 Seiten erfassende Werk mit dem Titel »Summa Didacticon« widmeten, versuche ich es auf den einfachsten Nenner zu bekommen: Die extrinsische Motivation motiviert, wie das Adjektiv extrinsisch schon sagt, von außen, die intrinsische aber von innen, von der Sache her.
Aus diesem Grund, so begründen Zandl/Grenzl in einem langen Exkurs über die Ethik von Aristoteles bis zu Kant, ist einzig und allein die intrinsische Motivation eine sittlich einwandfreie, weil es hier rein um die Sache beziehungsweise den Lerngegenstand eo ipso geht.

Ich will das an einem einfachen Beispiel verdeutlichen: In einem Ort in Bayern, wo die Kinder vor Jahren noch alle von Haus aus Mundart gesprochen haben, die Lehrer also die Aufgabe hatte, den Kindern Hochdeutsch beizubringen, ereignete sich Folgendes: Der kleine Franz sprach die Lehrerin immer mit »du« an. Nachdem alle Ermahnungen nichts genützt hatten, entschloss sie sich zu einer damals noch nicht von der modernen Psychologie als menschenverachtende

deklarierten Strafaufgabe: »Bis morgen schreibst du 50 mal den Satz: Man muss zur Lehrerin Sie sagen.« Am nächsten Tag zeigt der Franzl stolz der Lehrerin sein Heft. Die Lehrerin zählte nach und meinte: »Du, ich hab dir doch bloß 50 mal den Satz aufgegeben, du hast ihn aber 100 mal geschrieben. Warum hast du denn das gemacht?« Da antwortete der Franzl freudig: »Mei, weilst as du bist«.
Der langen Rede kurzer Sinn: Diese auf den ersten Blick liebenswerte zusätzliche Arbeit des Franzl kann laut Motivationsforschung nicht als wertvoll angesehen werden, weil sich in dem Satz »Weilst as du bist« eindeutig zeigt, dass Franzl nicht von der Sache an sich überzeugt war, dass man seine Lehrerin nicht duzen dürfe, was einer intrinsischen Motivation entsprochen hätte, sondern sich von einer extrinsischen Motivation, also der Zuneigung zur Lehrerin, leiten ließ.

Gestatten Sie mir eine autobiografisch gefärbte Reminiszenz.
In der ersten Klasse sorgte die Lehrperson, die in der Regel ohne Medieneinsatz in Form der Lehrerdarbietung unterrichtete und daher von den etwa 50 Schülern lautlose Aufmerksamkeit erwartete für diese, indem die Kinder die Hände auf die Bank legen und einen Bleistift drauflegen mussten, der nicht herunterfallen durfte.
In diesem Zusammenhang ist die allerdings umstrittene These des Erziehungswissenschaftlers Prof. Dr. Wiegenschritt zu erwähnen, dass man sich angesichts der sich von Jahr zu Jahr steigenden Zahl von ADHS-Kindern, die inzwischen mit gigantischen Mengen an Ritalin ruhiggestellt werden, im Hinblick auf die nicht mehr zu bewältigenden Gesundheitskosten auf dieses »Hände auf die Bank« besinnen sollte.
Inzwischen läuft eine Langzeituntersuchung, ein Millionenprojekt, das unter dem Titel »Hand-on-banks-Revivable« den empirischen Nachweis für Wiegenschritts Behauptung liefern soll.
Da fällt mir gerade ein, dass man früher, wenn man im Unterricht abschaltete, eins auf die Finger bekam, vielleicht der Anfang der Digitalisierung.

Nun aber zu einem der größten Fortschritte der pädagogischen Forschung, die zu wirklich revolutionären Erkenntnissen geführt hat. Es handelt sich um die Hochbegabtenforschung.
Die hat ergeben, dass eigentlich jedes Kind ein hochbegabtes ist. Entscheidend ist nur, dass unsere Lehrer diagnostisch korrekt ausgebildet werden und so anhand verschiedener eindeutiger Merkmale diese Hochbegabung beim Kind a) entdecken und b) auch fördern.
Eine der ersten Einsichten nach dem Zehn-Millionen-Forschungsprojekt, das freundlicherweise durch die Drittmittel eines großen Autokonzerns ermöglicht wurde, war diese: Kinder, die sich im Unterricht langweilen, sind in der Regel hochbegabt, weil sie unterfordert sind, also schon all das wissen, was die Lehrperson in seinem Unterricht an das Kind herantragen will.
Konsequenz: Schenken Sie den gähnenden und sich absolut nicht am Unterricht beteiligenden Kindern besonderes Augenmerk. Lassen Sie sie so schnell wie möglich gleich die Klasse überspringen. Reichen Sie sie mit entsprechenden Empfehlungen an die nächsthöhere Klasse weiter.
Viele Lehrer waren von diesen wissenschaftlichen Erkenntnissen sehr angetan, weil sie die Bestätigung erhielten, dass es einen langweiligen Unterricht nicht gibt.
Damit bekommt der alte, einst irrtümlich scherzhaft verstandene Reim ganz neue Bedeutung: »Wenn alles schläft und einer spricht, so nennt man dieses Unterricht.«
Heute heißt es besser: »Schläft die ganze Schülerschar, wird die Hochbegabung klar.«

WIDER DAS SCHREIBEN

Wenn man den neuesten Untersuchungen Glauben schenken darf, befindet sich eines der ältesten Dokumente, in denen der Mensch sich als Wesen der Kultur erweist, auf einem radikalen Rückzug. Hatte Descartes das allgemeine Bewusstsein des Menschen an seiner Denkfähigkeit an den Satz (»Ich denke, also bin ich«) aufgezeigt, so könnte man mit dem Satz »Scribo, ergo sum« (Ich schreibe, also bin ich) seine kulturelle Existenz beweisen.
Die Schrift hat schließlich in der Geschichte der Entwicklung der Menschheit eine entscheidende Rolle gespielt.

Merkwürdigerweise stellt man im Gespräch mit Praktikern fest, dass das Beherrschen von Lesen und Schreiben trotz neuester didaktischer Ansätze immer später erfolgt.
Davon abgesehen muss in der vierten Klasse kurz vor dem Übertritt ein »Last-minute-Kurs« im Schuhzubinden eingeschoben werden, damit der Gymnasiast Kevin Gmeinwieser nicht gleich bei der ersten Klassenfahrt nach Athen für Verzögerungen beim Besteigen der Akropolis sorgt.
Der Schweinezüchter aus dem »Zigeunerbaron« bekommt mit seinem Lied »Ja, das Schreiben und das Lesen ist nie mein Fach gewesen« immer mehr, wenn auch schweigende Zustimmung, denn musische Betätigung wie Singen im Unterricht ist out.
Das Institut für »Empirische Evaluation« hat festgestellt, dass in dem Maß, wie Bildungsinvestitionen zunehmen, auch die Insuffizienz in Kulturtechniken steigt.

Als Ausgleich dafür nehmen die musischen Fähigkeiten unserer zukünftigen Bachelor- und Master-Absolventen rapide ab. So ist es ein großer Verdienst der immer noch an das Gewissen des Landes der

Dichter und Denker appellierenden Pisa-Studie festgestellt zu haben, dass ein Name wie Richard Wagner in der Regel mit einer Steinofen-Pizza assoziiert wird. Friedrich Händel gilt als deutsches Wort für McChicken, die Matthäus-Passion ist die Lebensbeichte von Lothar Matthäus.

Nachdem der Anteil der Analphabeten als Protest mündiger Schüler gegenüber dem Zwang einer Reglementierung durch das ABC stark zugenommen hat, ist nun also auch das Schreiben, vor allem die Handschrift als veraltete, einseitige, körperliche Inanspruchnahme unserer digitalreduzierten Kinder in Misskredit geraten.
Es reicht vollauf, wenn sich die handwerkliche Betätigung auf den Einsatz der für das Tippen und Swypen auf dem iPad nötigen Finger beschränkt.
Briefe gehören laut neuesten Feststellungen ohnehin längst der Vergangenheit an. Nur noch fünf Prozent aller Jugendlichen teilen ihre Gedanken schriftlich in einem Briefumschlag mit. Wozu braucht man also noch die ganze Hand? Man darf gespannt sein, wann das Wort »Manuskript« als Unwort des Jahres deklariert wird.

Weil aber in unserem Lande nach wie vor alles Hand und Fuß haben muss, auch eine Begründung, wenn das Schreiben mit der Hand und Handschrift schon infrage gestellt werden, habe ich im Auftrag des »Institutes für Entkulturationssteigerung« die folgenden Gründe ausgearbeitet, die gegen das Schreiben sprechen:
… weil dann niemand mehr die Unterschrift fälschen kann.
… weil schon genug geschrieben worden ist, und die Bibliotheken alle voll sind.
… weil dann niemand mehr abschreiben kann und es somit keine Plagiate mehr gibt.
… weil man keine Kugelschreiberflecken mehr entfernen muss.

… weil man dann viel weniger Papier braucht und nicht mehr so viele Regenwälder abgeholzt werden.
… weil mir auch niemand schreibt.
… weil man sich dann auch nicht verschreiben kann.
… weil man keine Rechtschreibfehler mehr machen kann.
… weil man sich nicht als »Schreiberling« oder »Federfuchser« beschimpfen lassen muss.
… weil dann Graphologen nicht von der Schrift auf den Charakter urteilen können. Mein Charakter geht niemand was an.
… weil man sich dann auch das Lesen ersparen kann.
… weil man seine Solidarität mit den vielen Analphabeten auf dieser Welt erklären will.
… weil man sich dann auch nichts vorschreiben lassen muss.
… weil man sich nicht entscheiden muss, ob man Links- oder Rechtshänder ist.
… weil man wegen des iPads eh meist keine Hand zum Schreiben frei hat.
… weil man etwas gegen die ständige Portoerhöhung der Post hat.
… weil man damit die armen Briefträger entlastet.

Diese Karte entnahm ich dem Buch:

____

Ich wurde auf das Buch aufmerksam ...

❒ in einer Buchhandlung,
und zwar bei: ______________________

❒ im Fernsehen / Radio,
und zwar auf: ______________________

❒ im Internet, und zwar auf: ______________

❒ durch einen Prospekt,
und zwar in: ______________________

❒ durch eine Besprechung in der Zeitung,
und zwar in: ______________________

❒ durch Freunde und Bekannte

❒ durch Anzeigen / Werbung,
und zwar in: ______________________

❒ Ich habe das Buch geschenkt bekommen.

Ihre Altersgruppe?

❒ bis 30 Jahre ❒ 31 – 45 Jahre

❒ 46 – 60 Jahre ❒ über 60 Jahre

Welche weiteren Themen wünschen Sie sich für unser Buchprogramm?

____

____

Unser Kundenmagazin „Ostbayerns beste Seiten" erscheint zweimal jährlich und ist kostenlos erhältlich! Fragen Sie in Ihrer Buchhandlung!

Heimat
battenberg
gietl verlag

Pfälzer Straße 11, 93128 Regenstauf
Tel.: 09402/9337-0, www.gietl-verlag.de

Liebe Leserin, lieber Leser,
gerne informieren wir Sie regelmäßig über unser Verlagsprogramm.
Schicken Sie einfach diese Karte ausgefüllt an uns zurück!
Bitte beantworten Sie doch auch die Fragen auf der Rückseite der Karte. Sie würden uns damit helfen, unsere Arbeit noch besser auf Ihre Lieblingsthemen abzustimmen.
Als kleines Dankeschön verlosen wir unter den Einsendern monatlich eines unserer aktuellen Bücher!

Name, Vorname

Straße, Hausnummer

PLZ, Ort

Telefon-Nr.

E-Mail (Mit Angabe meiner E-Mail-Adresse erkläre ich mich damit einverstanden, Informationen zum Verlagsprogramm zu erhalten.)

Bitte freimachen! (45 Cent)

Antwortkarte

Battenberg Gietl Verlag GmbH
Pfälzer Straße 11
93128 Regenstauf

DIE DIGITATUR

Wenn man den Zeitungen glauben darf, befinden wir uns an einer Zeitenschwelle. Auf den letzten Seiten wird weitestgehend über Fußball berichtet, die ersten Seiten nehmen sich zunehmend der immer größer werdenden Digitalisierung an.
Jüngst wurde eine Aufsehen erregende Studie veröffentlicht, aus der hervorgeht, dass ein großer Teil unserer Kinder bereits online ist, sprich digital aufwächst. Gut die Hälfte der Achtjährigen, ein Drittel der Sechsjährigen und ein jeder zehnte Dreijährige betätige sich bereits digital.
Zu einer geradezu blitzartigen Erkenntnis verhilft die Übersetzung des Digitalen im Lexikon: »das mit dem Finger zu Ermöglichende«.

Alles klar: Ein Volk, ach, was sage ich, die Welt steht vor der Entscheidung Fuß oder Finger, pedal oder digital. Der Finger liegt zurzeit klar vorn.

Und soviel ist sicher: Der Finger hat, was die restlichen Körperteile angeht, eindeutig eine Vormachtstellung errungen, sogar über den Kopf (einschließlich Gehirn).
Dabei hatten Philosophen einst das Herz zum Zentrum des Menschen erhoben. In unzähligen Liedern und Schlagern (oft im Reim mit dem Wort Schmerz) spielt es bekanntlich eine bedeutende Rolle, und Antoine de Saint-Exupéry sagte: »Man sieht nur mit dem Herzen gut.« Doch das Herz, es ist mehr oder weniger wegdigitalisiert worden.

Die alte Weisheit »mens sana in corpore sano«, die bekanntlich besagt, ein gesunder Geist möge in einem gesunden Körper wohnen, lässt sich mittlerweile vereinfacht so formulieren: Mens sana in digito sano. Ein gesunder Finger genügt dem gesunden Geist.

Heute entscheidet der Druck eines Fingers Kriege. Ein einziger Finger ist in der Lage, eine Vernichtung ganzer Länder, ja der Erde selbst auszulösen. Ohne dass man dazu noch Menschenheere bräuchte.

Wer hätte diese Digitatur, die Weltherrschaft des Fingers vor ein paar Jahrzehnten vorhergesehen?
Niemand?
Einspruch, Euer Ehren.
Spielte der Finger nicht in der Schulzeit früherer Generationen eine Rolle? Da klingen einem doch noch die Worte der Lehrerin in den Ohren: »Wenn du was Gescheites zu sagen hast, hebe den Finger!« Und galt es nicht als eine der größten Bestrafungen mit dem Tatzensteckerl »Eins auf die Finger zu bekommen«. Die (heute würde man sagen) »digitale Tatze« hatte mehr Gewicht als etwa eine Ohrfeige oder ein Klaps auf das Hinterteil.

Noch etwas: Die Disziplin in einer Klasse wurde vornehmlich dadurch gewährleistet, dass man die Finger auf die Bank legen musste. Das Internet für Empirische Evolution (IFEE) ist unter dem Vorsitz von Wolfgang Löscher gerade dabei, Forschungsmaterial für eine Wiederbelebung, ein Revivible dieser Methode im Hinblick auf die immer größer werdende Zahl der ADHS-Kinder durch »Hand auf die Bank« (Hand on bank) zu reduzieren und also die Zappelphilips bzw. -philippinnen mit Hilfe einer digitalen Disziplinierung vor dem übermäßigen Ritalingenuss zu bewahren.

Eine frühe Wertschätzung des Digitalen war es auch, sich Autorität mit einem drohenden, erhobenen Finger zu verschaffen.
Ein frühes Ahnen der späteren Vormachtsstellung des Digitalen ist auch darin zu sehen, dass die Menschheit den Finger schon vor allen anderen Körperteilen schmückte. Erlesenste Ringe aus Gold, mit Diamanten, Juwelen besetzt bezeugen, dass der/die Finger von jeher als

etwas den Menschen Auszeichnendes und Ausgezeichnetes erachtet wurden.
In ganz besonderer Weise aber wird die Sonderstellung des Fingers in der wichtigsten Lebensgemeinschaft, der Ehe, deutlich: durch den Ehering.

Allenfalls der Kopf wurde früher auch öfter geschmückt, was seinen Höhepunkt in der Krone von Königen und Kaisern fand.
Früher krönten aber auch manche Frauen ihre Finger mit einem sogenannten Fingerhut. Das ist leider etwas aus der Mode gekommen. Dabei wäre der Fingerhut eine gute Möglichkeit, dem immer mehr in den Mittelpunkt tretenden Finger noch eine Zusatz-Auszeichnung zuteil werden zu lassen: der Fingerhut als Vorform des Doktorhuts.
Als besonders prophetisch muss man aber im Nachhinein die Stadt München hervorheben, die es sich schon in den 60er Jahren angedeihen ließ, einen Stadtschulrat namens Anton Fingerle dem städtischen Schulwesen voranzustellen.

Gestatten Sie mir einen Blick in die Zukunft.
Die frühere anstrengende Aufgabe, den ganzen Körper zu aktivieren oder zu trainieren, wird sich wohl in Zukunft auf eine spezifische Fingerfertigkeit reduzieren.
Der Pädagogik und Psychologie fällt so in besonderer Weise die Aufgabe zu, beispielsweise bei Kleinkindern Beobachtungen auf zukünftige Begabungen, ja Hochbegabungen zu machen.
Man sollte möglicherweise auch das manchmal verpönte Daumenlutschen von Kleinkindern als Versuch einer digitalen Frühaktivierung zu deuten versuchen.
Auch das Zeigen des sogenannten Stinkefingers sollte nicht länger als Beleidigung, sondern wohl eher als selbstbewusstes Aufmerksammachen auf die Bedeutung des Digitalen verstanden werden.

Auf alle Fälle wird das von hellsichtigen Pädagogen schon immer als wichtig angesehene Fingerspitzengefühl zum obersten Bildungsziel erklärt werden.
Sicher sollte man auch Fingernägelkauen oder Nasenbohren einer sorgfältigen psychologischen Diagnose unterziehen.
Eine Untersuchung des besagten Instituts für Empirische Evolution (IFEE) hat bereits die interessante Einsicht geliefert, dass das ebenfalls oft kritisierte Nasenbohren auf eine Frühbegabung im Hinblick auf einen künftigen Höhlenforscher hinweisen könnte.
Geistige Nahrung wird durch „Finger-Food" ersetzt.

Doch zurück zu den Anfangsüberlegungen »Digitus aut pes: Finger oder Fuß«.
Mit einiger Sicherheit verlieren einst bei Kindern und Jugendlichen beliebte sportliche Tätigkeiten wie Laufen, Springen, Kraxeln, Schwimmen weiterhin an Bedeutung. An deren Stellen treten die Trendsportarten wie Internetsurfen, Twittern, Googeln, Chatten, Online-Shopping.

Das wird anatomische Veränderungen bei Kindern zur Folge haben. Wenn auch noch der Reiz bulimieförderlicher Model-Castingsshows im Fernsehen nachgelassen hat, werden übergewichtige Kinder die Regel sein.
Die Tatsache, dass immer weniger Kinder zur Welt kommen, wird dadurch ausgeglichen, dass die Zahl der Individuen zwar abnimmt, aufgrund der Gewichtszunahme der einzelnen Kinder die Grundsubstanz an Kindern aber erhalten bleibt.
Sollte die Klassenstärke geringer werden, werden die beliebten Gruppenfotos zwar nicht mehr so viele Kinder zeigen, die wenigen verbliebenen werden dennoch in der Lage sein, den Rahmen zu füllen.

Wohin führt sie, die Digitalisierung? Wird sie soweit gehen, dass sie sogar die Vormachtstellung des Fußballs infrage stellen kann? Wahrscheinlich.
Aus ethischen Gründen wäre das gut so. Dann würde nämlich auch der Menschenhandel mit Innen- und Außenverteidigern, Sechsern und Sturmspitzen aufhören. Van Gogh und Rubens wären dann wieder teurer als Messi oder Ronaldo.
Womit wir schon wieder beim Grundproblem wären: Wer um Himmels Willen sind denn Van Gogh und Rubens?

DIE DIDAKTISIERUNG DER PRÄNATALEN PHASE

Eine fundamentale Leistung gerade der Psychologie ist die Feststellung: Je früher, desto eher.

Das bedeutet, dass es die pädagogische Todsünde schlechthin wäre, Zeit zu verlieren.

Da das Leben bekanntlich kurz nach der Zeugung beginnt, sollte auch die pränatale Zeit nicht länger undidaktisiert bleiben.

Ich habe meinen Vorschlag dazu in Reimform gebracht:

Ein Professor, vom Staat mit »Bildung« betraut,
hat eine neue Maschine gebaut.
Ich weiß zwar nicht recht, wie sie funktioniert,
denn ich hab ja die Sache nicht eigens studiert.
Aber nach des Professors Interview
ist die Maschine wirklich der Clou.
Ganz klar hat der Professor erkannt,
es wär eine Schande fürs ganze Land,
wenn der Mensch erst als fertiges Kind
mit dem systematischen Lernen beginnt.
Und das womöglich in der Schule erst gar,
und damit würde, so meint er, ganz klar,
viel kostbare Zeit einfach vertan.
Er setzt drum die Bildung viel früher an.
Nachdem er recht lang hin und her studiert,
hat er das »vorgeburtliche Lernen« kreiert.
Denn neun Monate, schimpft der Professor ganz laut,
liegt der Embryo lediglich faul auf der Haut,
nur etwas wachsen und sich etwas rühren,
damit ist jetzt Schluss. Nun heißt es studieren.

Und jede werdende Mutter
wird einfach gehängt an den neuen Computer.
Jeden Tag von acht bis neun
gibt er regelmäßig das Einmaleins ein.
Und von neun bis viertel nach zehn
übt er mit dem Fötus Hochdeutsch schon schön.
Von zehn bis elf kommt Schreibunterricht
von elf bis zwölf folgt Biblisch Geschicht',
Konfessionslose im besonderen Fall
hören dafür Ethik oder Moral.
Wird der Computer recht programmiert
und noch etwas besser durchkonstruiert,
so meint der Professor tatsächlich gar,
wäre es möglich in zwei bis drei Jahr',
dass zur Freude der ganzen Wissenschaftswelt
Geburt und Abitur dann zusammenfällt.

ZUM GELEIT EIN WENIG MUNDARTLICHES

Der neue Lehrplan Plus Grundschule liefert im Fach Deutsch eine Fülle von Chancen, soziales Lernen, Werteerziehung in Mundart und Hochsprache zu ermöglichen. Einige im Lehrplan auftauchende Formulierungen geben die Grundlage:

- »Die Schülerinnen und Schüler nutzen sprachliche Formen der Höflichkeit und Wertschätzung sowie Möglichkeiten einer konstruktiv-dialogischen Gesprächsführung.«
- Oder die äußerst aufschlussreiche und konkrete Formulierung: »Die Lernbereiche im Fachlehrplan Deutsch sind identisch mit dem Kompetenzenstrukturmodell.«
- »Die Schülerinnen und Schüler gestalten kommunikative Standardsituationen (z. B. Begrüßung und Verabschiedung, Entschuldigung, Bitten, Gratulationen ...)
- »Erkennen die Mehrdeutigkeit von Wörtern ... und wenden diese im richtigen Zusammenhang an.«
- »Verfügen über eine angemessene Sprache für unterschiedliche Situationen (z. B. unterschiedliche Höflichkeitsformen ...) und Adressaten ...«
- »Zu ihrer jeweiligen Erstsprache, Mundart und Umgangssprache haben die Schülerinnen und Schüler einen besonderen emotionalen Bezug. Hohe Bedeutung kommt daher den persönlichen Sprachvarietäten wie der Mundart zu, in der die Schülerinnen und Schüler sich nuancenreich und differenziert ausdrücken.«

Tatsächlich kann Mundart in besonderer Weise bei der Vermittlung sprachlicher Kompetenz assistieren und für eine emotional-dialogische Gesprächsführung mit höchster Ausdrucksgenauigkeit – auch im Sinne der Förderung einer nachhaltigen, und vor allem analogen Just-in-Time-Kommunikationsbereitschaft – sorgen.

Um dieses Modell in der Praxis anzuwenden, eignen sich bevorzugt Urlaubsorte in süddeutschen Landen, die sehr gern von norddeutschen Besuchern frequentiert werden. Durch die Anwendung von Mundart können die Ziele des neuen Lehrplans Plus unmittelbar angewendet werden. Beispielsweise die nun folgende Formel würde nebenbei der Förderung des Fremdenverkehrs geradezu unmittelbar zugute kommen: »Auweh, es Preißn-Gschwerl, vazupfts eich!«
Für in der bayerischen Landessprache nicht so bewanderte Mitglieder des Lehrkörpers folgt nun eine von Ludwig Merkle angeregte Worterklärung, um die vorzüglichen Chancen der hohen Ziele des Lehrplans an diesem Beispiel unmittelbar nachvollziehbar zu machen.

»Auweh Preißn-Gschwerl«. Die bayerische Mundart hat in ihrem Erbe immer noch einige in der Hochsprache nicht mehr übliche lateinische Ausdrücke aus der Römerzeit, allerdings mit diversen sprachlichen Variationen. So ist das lateinische »Ave«, also: »Sei uns gegrüßt« zu dem ins »au« mutierten »Auweh« geworden. Das »es« ist das lateinische »es = du bist«.
Also: »Gegrüßt seist du, du bist ...«

Jetzt das Wort »Preißn«, in dem das Preisen steckt, also du (ihr) zu Preisende(r).
Nun noch das Wort »Gschwerl«, wo sich das altnordische »sverra = wirbeln« findet. »Gschwerl«, bedeutet also eine wirbelnde, lebendige, fröhliche Ansammlung von Menschen.
Damit lautet also die Übersetzung: »Sei uns gegrüßt, du bist eine zu preisende lebendige Gruppe.«

Nun zum »vazupfts eich«. Das Wort »zupfen« hat im Bayerischen eine wesentlich größere Bedeutungsweite als im Hochdeutschen. Die Vorsilbe »va-« bekundet die gemütvolle Ausrichtung des damit zusammengesetzten Verbum wie zum Beispiel »vazähln«, das eine beson-

ders liebevolle Form des Erzählens bedeutet. »Vazupfen« meint also ein liebevolles Herumzupfen, mit einem gewissen Fingerspitzengefühl etwas ertasten, erfühlen und ergreifen.
»Vazupfts eich«, bedeutet somit: »Erlebt unser Land bis ins Detail mit allen euren Sinnen!«

Das Ganze nochmals (»Auweh, es Preißn-Gschwerl, Vazupfts eich«):
»Wir heißen euch lebensfrohe Kleingruppe als etwas sehr Liebenswertes herzlich willkommen und hoffen, dass ihr bei uns schöne Erlebnisse habt.«
Oder so ähnlich.
Es ist ja eh alles egal.

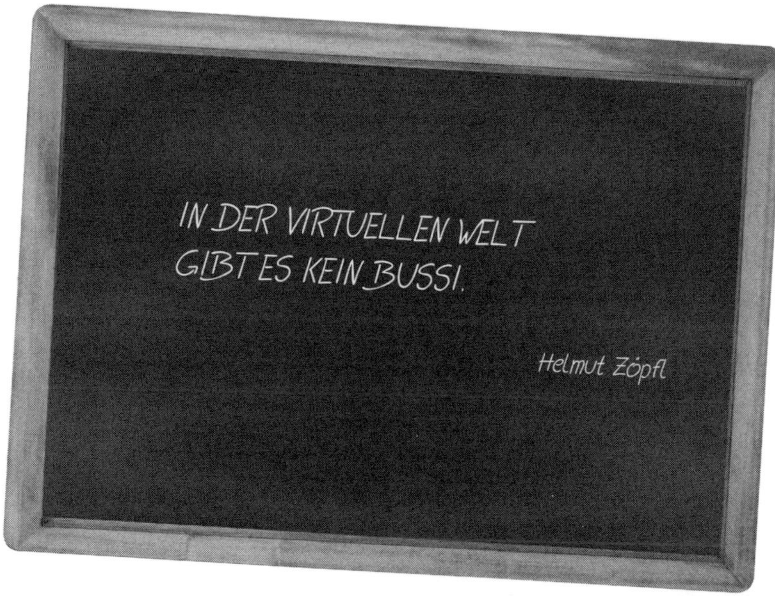
IN DER VIRTUELLEN WELT
GIBT ES KEIN BUSSI.
Helmut Zöpfl

HELMUT ZÖPFL HAT NOCH HAUS-AUFGABEN

So, Herrschaften, wir nähern uns mit Riesenschritten dem Ende unserer kleinen Lehrstunde. Wir hoffen, dass das Thema nun hinlänglich erfasst wurde.

Um das Erarbeitete weiter zu vertiefen, stehen nun noch die Hausaufgaben bevor. Und weil wir ja in Zeiten moderner Pädagogik leben, geschieht auch das nicht aus der frontalen Position vor der Klasse heraus, sondern aus dem Gespräch.

Zum Abschluss also ein weiteres Zwiegespräch, mit dem Ziel, sich die Kompetenz zur Erfassung der Hausaufgaben zu erarbeiten. Falls unterwegs der Gong schellt, bleiben bitte alle sitzen und hören bis zum Schluss zu.

DIE SACHE MIT DEM KLEINSTEN GEMEINSAMEN NENNER

Herr Zöpfl, Sie haben in Ihren Beiträgen – mal durch die Satirebrille, mal auch ganz einfach verärgert – dargelegt, dass in Sachen Bildung einiges falsch läuft. Und nun?
Und nun? (lächelt) Nun sollten wir überlegen, wie wir etwas verändern können.

Wie können wir etwas verändern?
Im Grunde ist das relativ einfach – und doch so schwer. Wir sollten uns vor allem auf gewisse Werte besinnen, auf denen unsere abendländische Kultur fußt. Wir sind gerade dabei, einige unserer wesentlichen Errungenschaften der vergangenen Jahrhunderte – ohne Not – über Bord zu werfen. Das oberste Ziel, bei dem wir alle übereinstimmen sollten – wenn man nicht gerade ein Fanatiker ist –, besteht darin, anzuerkennen, dass das Kostbarste, das uns geschenkt ist, unser eigenes Leben ist. Etwas, das kostbar ist, sollte uns etwas wert sein. Das beinhaltet aber auch Verantwortung – sich selbst gegenüber und auch der Umwelt.

Offensichtlich bedarf es eines erstaunlich hohen Maßes an Bildung, das zu begreifen – wenn man sieht, wie selbstzerstörerisch wir Menschen mit unserem Leben und unserer Welt umgehen.
Das ist fast schon tragisch, nicht wahr?

In einem Gespräch sagte neulich der Hirnforscher Karl Kandler, der seit Jahrzehnten an der Universität von Pittsburgh lehrt, dass es tief in der Biologie verankert ist, dass sich Wesen, die sich ähnlich sehen, eher helfen als unterschiedlich aussehende Wesen. Im Umkehrschluss hieße das, dass erst eine aufgeklärte Gesellschaft in der Lage ist, sich über Äußerlichkeiten – und damit

eben auch über die Andersartigkeit von Menschen verschiedener Herkunft – hinwegzusetzen. Wenn wir das jetzt schlechter schaffen als noch vor wenigen Jahren, würde das auf einen Verlust an Bildung hinweisen.
Das ist doch offensichtlich. Ich sage das ganz deutlich: Ja, wir haben ein großes Bildungsproblem. Das ärgert mich, weil es nicht sein müsste. Und das sage ich nicht, weil ich inzwischen ein paar Jahre auf dem Buckel habe. Ich sage nicht: Früher war alles besser. Früher war nicht alles besser. Aber früher hatten wir uns schon einige Erkenntnisse und Prinzipien erarbeitet, die auch heute noch funktionieren würden. Leider sind sie aus unserem Fokus gerückt.

Haben Sie eine Erklärung dafür?
Einige. Eine ist: Wir haben ein sehr fragwürdiges Verständnis von Harmonie entwickelt. Seit Jahrzehnten suchen wir immer mehr nach dem kleinsten gemeinsamen Nenner. Die Konsequenz ist: Wir werden immer allgemeiner, immer oberflächlicher und damit auch immer flacher. Dabei ist es ein Irrglaube, wenn wir annehmen, dass wir ein harmonisches Miteinander erreichen, indem wir uns nie auf die Füße treten.

Keiner mag dem anderen mehr zu nahe treten.
Allerdings. In der Politik nicht, weil man das Wohlwollen des anderen womöglich wieder einmal brauchen könnte. Die Folge ist, dass Wischiwaschi-Lösungen entstehen. Das mag eine Weile funktionieren, auf Dauer aber nicht. Schauen Sie: Mit meinen linken Studenten habe ich harte Kämpfe gefochten. Sie haben alles hinterfragt, das war spannend, aufregend – für beide Seiten. Sie fanden alles mies, die ganze Gesellschaft. Ich habe ihnen sehr bewusst provokant gesagt: Bei meiner Herangehensweise an die Pädagogik steht der Mensch im Mittelpunkt, am Ende kommt heraus, dass Erziehung Lebenshilfe ist – und wenn man sich euch anhört, da kann man sich ja auch gleich umbringen, wenn alles so mies ist. Was meinen Sie, was da los war?

Sie haben natürlich widersprochen, ich aber auch – ich habe gegen ihre negative Weltsicht dagegengehalten. Und wissen Sie was? Mit unseren teilweise fast schon militant-linken Studenten bin ich, dem man nachsagt, nur die heile Welt anzustreben, besser ausgekommen als viele andere. Weil ich mit ihnen gerauft habe, selbstverständlich mit den Mitteln des Intellekts.

Emotionale Auseinandersetzungen gab es zuletzt in der Politik immer weniger. Die Gleichmacherei in unserem Land hat auch vor dem politischen Feld nicht Halt gemacht.
Natürlich nicht. Wenn Sie meine Bücher ansehen, werden Sie viele Stellen finden, ich denen ich das immer und immer wieder thematisiert habe. Wir brauchen das Andere. Eine meiner Kinderbuchfiguren, die liebe Nili, hat immer geklagt, dass sie anders ist. Ich habe das Buch für Kinder gelesen und in der Nachbereitung mit ihnen darüber gesprochen, was denn wäre, wenn wir das Wort »anders« aus unserem Wortschatz streichen würden. So kamen wir dann ganz schnell darauf, wie furchtbar arm uns das machen würde. Man muss sich doch heute nur in einem Klassenzimmer einmal umschauen. Es sind eben nicht alle gleich, unsere Herkunft unterscheidet uns, Menschen unterscheiden sich. Und dann sage ich mein Gedicht »Stell dir vor« auf, das in diesen Zeilen mündet: »Du bist für mich einzigartig, weil du so bist, wie du bist. / Freu dich, denn die Welt ist farbig, Gott erschuf die Erde bunt / wollte, dass ein jeder anders ist / und aus dem Grund: Seid zu andern nett, auch wenn du anders als der andre bist / weil der eine wie der andre doch vor Gott der gleiche ist.« Und was machen wir? Wir sagen lediglich: Seid nicht böse zu den anderen. Dabei sehen wir zu, wie alle wegschauen. Im Fernsehen kommt nur noch das, was sich als Umfeld für die Werbeindustrie aufdrängt. Also: Man muss dranbleiben. Wir müssen dranbleiben. Wir dürfen nicht zusehen. Es ist an der Zeit, uns zu besinnen und einer Entwicklung entgegenzutreten, die unsere Gesellschaft nicht weiterbringt, sondern sie zurückwirft.

Genau genommen, sind es ja sehr wenige Menschen in unserem Land, die in der Lage wären, an der Bildungsschraube zu drehen.
Die Kultusminister unserer Länder haben sehr vieles in der Hand.

Aber …?
Sie sind natürlich in ein System eingebunden.

Sie meinen die Lobbyisten?
Auch. Was glauben Sie, warum es in den Grundschulen all diese Arbeitsbücher gibt, in denen die Schüler vorgegebene Lösungen ankreuzen sollen? Einerseits freilich sind die Lehrer froh, dass sie nicht mehr dauernd Arbeitsblätter kopieren müssen. Aber andererseits passiert das eben auch, weil es Interessen gibt, möglichst viele Schulbücher zu verkaufen. Auch das Bildungssystem ist ein Wirtschaftsfaktor. Auch im Bildungssystem geht es um Wertschöpfung. Auch im Bildungssystem geht es um Geld. Das ist aber nur das eine. Es menschelt halt auch in der Politik. Eitelkeiten spielen eine große Rolle. Und unterschätzen Sie nicht die Parteiraison. Man tritt sich eben auch in der Politik nicht mehr zu sehr auf die Füße. Im übrigen haben auch die Medien mit der Entwicklung, die passiert ist, nicht unerheblich zu tun: Wer sich heute noch traut, etwas auszusprechen, der wird von Journalisten ganz schnell zu der sprichwörtlichen Sau gemacht, die man durchs Dorf treibt. Was glauben Sie, warum die Fußballerinterviews heute alle so stromlinienförmig sind.

Weil jedes falsche Wort wochenlang für Schlagzeilen und im Zweifel auch für Shitstorms sorgt.
Ganz klar. Es traut sich doch heute keiner mehr, etwas zu sagen, das ist doch das Dilemma. Auch dort nicht mehr im erforderlichen Maße, wo die Geschicke, wo die Entwicklung einer Gesellschaft mitgelenkt werden soll, also in der Politik. Wir haben heute so viel Wissen verfügbar wie nie – und gleichzeitig leben wir mit immer mehr Tabus. Wir fühlen uns immer gleich provoziert. Ich nennen Ihnen ein sehr

einfaches Beispiel, und ich greife genau dieses heraus, weil es von jeher mit vielen Tabus behaftet ist: die Sexualerziehung.

Ganz gefährliches Thema.
Eben. Und wissen sie was? Ich habe drei Kinder, ich rede viel mit ihnen, und ich kann Ihnen berichten: Sexualerziehung findet in der Pädagogik nicht statt. Nicht einmal die einfachsten, die normalsten Dinge werden angesprochen – wenngleich es natürlich gewiss unter unseren Lehrerinnen und Lehrern rühmliche Ausnahmen geben wird.

Weil sich keiner mehr etwas zu sagen traut?
(nickt) Man will nicht anecken, man will nichts Falsches sagen – das ist immer wieder dieser kleinste gemeinsame Nenner, bei dem man landet. Am Rande: Ich sage Ihnen jetzt einmal, mit welchem Gebot Sexualerziehung beginnen könnte: Du sollst nicht stinken. Aber nicht einmal eine so einfache Botschaft wird heute an unsere Jugendlichen weitergegeben. Nicht einmal, dass Körperpflege und Körperhygiene ein Ausdruck von Respekt ist – und Respekt ist eben auch in der Sexualität ein hoher Wert. Und warum? Weil sich dadurch jemand beleidigt fühlen könnte. Oder noch eine schöne, ganz einfache Botschaft: Probier's doch mal mit Zärtlichkeit, man muss doch nicht immer gleich zur Sache kommen. Ja, so was darf man doch aussprechen, warum denn nicht? Aber es traut sich keiner. Nur ja nicht anecken, immer konform sein – ein grundfalscher Ansatz.

Die Sache mit dem kleinsten gemeinsamen Nenner …
Sie sehen ja, wozu das führt: Das macht uns ärmer. Wir gehen auf Distanz zueinander. Folge: Das Streicheln verschwindet aus unserer Gesellschaft. Streicheln war einmal ein Ausdruck von Nähe, heute ist es ein Fall von sexueller Belästigung. Als Mann dürfen Sie heute einem 13-jährigen Mädchen nicht – als Lob – auf die Schulter klopfen. Wenn Sie heute mit einem Kleinkind »Hoppe Hoppe Reiter« spie-

len, bewegen Sie sich am Rande der Pädophilie. In den USA ist ein Bruder verurteilt worden, der seiner kleinen Schwester beim Pipimachen geholfen hat. So weit sind wir schon. Es gibt viele Gründe, auf diesem Gebiet wachsam zu sein, wir alle wissen, wie oft Grenzen überschritten wurden und werden – aber inzwischen läuft auch hier umgekehrt etwas aus dem Ruder. Darf man so etwas heute noch sagen?

Mit den Auswirkungen der längst allgegenwärtigen Forderungen nach political correctness schlagen sich ja auch die Medien seit Jahren herum – nicht nur, wie Sie vorher richtigerweise bemerkten, dass wir provokante Zitate dankbar herausstellen, sondern auch umgekehrt. Als Journalist weiß man selbst sehr genau: Die freie Meinungsäußerung ist auf dem Papier zwar gegeben, man landet aber auch sehr schnell in einer bestimmten Ecke. Und aus der kommt man nicht mehr leicht heraus.
Ganz genau. Und wir sind an einem Punkt, wo manche einen Kloß im Hals bekommen, wenn man als Mann vom alten »Hoppe Hoppe Reiter«-Spiel spricht.

Folge: Man(n) tut das nicht mehr.
Das ist doch völlig klar. Und viele werden sagen: Besser so. Aber Sie sehen auch: Unsere Gesellschaft verändert sich massiv. Wir werden vorsichtiger, weil wir vorsichtig sein müssen. Wir gehen auf Distanz, weil man keinen Fehler machen möchte. Wir denken uns unseren Teil, sprechen ihn aber nicht aus, weil wir niemandem auf die Füße treten möchten. Wir sehen, wie andere Fehler machen, aber wir sehen tatenlos zu und sagen lieber nichts, weil das kompromittierend sein könnte. Wir raufen nichts mehr aus, wir halten nicht mehr dagegen, wir bleiben immer auf der Sachebene, wir werden tunlichst nicht emotional.

Sie schon.
Weil ich in einem Alter bin, wo ich es mir leisten kann, emotional zu sein. Im Übrigen war ich immer emotional, ich bin immer emotional für das eingetreten, was ich als richtig erachte – auch wenn ich damit auf Widerspruch gestoßen bin.

Ihre Bücher sind emotional.
Natürlich sind sie emotional. Emotionen – darum geht es doch. Wir Menschen sind fühlende Wesen. Wir fühlen den warmen Sommerregen auf unserer Haut. Wir freuen uns über die ersten wärmenden Sonnenstrahlen im Frühling. Wir fühlen menschliche Wärme in guten Gesprächen. Wir empfinden Freude, wenn wir zusammen Fußball spielen und lachen. Ich sage es noch einmal: Das Leben ist ein Geschenk. Verstehen Sie? Das Leben. Nicht: die Sachebene. Ich sage das mit einem Wort, das heute so altmodisch daherkommt, dass es für manche wahrscheinlich auch schon unter die Grenze der political correctness gesunken ist: die Schöpfung. Die Schöpfung ist ein Geschenk, das uns gegeben ist. Wir aber versachlichen alles, wir verallgemeinern, damit wir nur ja niemandem zu nahe treten.

Die Quittung für all diese Gleichmacherei und Leisetreterei gibt es ja längst: in den sozialen Netzwerken, wo sich Menschen ihrer aufgestauten Wut Luft verschaffen.
So ist es. Und es ist auch kein Wunder, dass das passiert. Weil wir eben Menschen sind, und keine Sache. Und es ist die Aufgabe der Bildung, dass wir Emotion und Rationalität, dass wir Gefühle und Vernunft in einen gesunden Einklang bringen. Und genau an dieser Stelle haben wir heute ein Ungleichgewicht, eine Schieflage. Da wären wir im Übrigen auch wieder an dem Punkt, den Sie vorhin am Beispiel des Hirnforschers ins Spiel gebracht haben: Es ist Bildung, die uns dabei hilft, unsere Gefühle richtig einzuordnen – auch im Hinblick auf die Welt, die zusammengewachsen ist, die bunter geworden ist, die uns mehr Flexibilität als früher abverlangt.

Bildung ist ein Schlüssel?
Einer der ganz Bedeutenden. Die Bildungspolitik hat es in der Hand, einen wesentlichen Beitrag dazu zu leisten, dass die Erkenntnisse, mit denen wir Menschen seit Jahrhunderten gut leben, wieder in unserer Gesellschaft Fuß fassen. Dass wir nicht das Wesentliche noch ganz verlieren. Dass wir uns auf unsere christlich-abendländische Tradition besinnen, auf unsere Werte. Auf das, was uns ausmacht. Als fühlende Menschen im Einklang miteinander und mit der Natur. Dafür müssen wir das, was uns wichtig ist, wieder benennen und auch dafür eintreten.

Was Sie hiermit tun.
Aber ja. Dem müssen Lehrstunden für die Lehrer vorausgehen. Sie müssen den Rückhalt bekommen, dass sie sich wieder etwas trauen dürfen. Und wenn es zu einem Konflikt kommt, dann müssen wir ihn eben – auf Basis unserer gesellschaftlichen Vereinbarungen – gesund austragen. Ich sage es noch einmal: Wir müssen uns wieder etwas trauen, und wir müssen uns auch wieder etwas trauen dürfen. Wir müssen wieder ehrlicher werden. Wir müssen wieder aufrichtiger werden. Wir müssen unseren Gefühlen trauen. Das ist meine humanistische Botschaft in einer Zeit, in der das, was den Menschen ausmacht, in unserer Gesellschaft verloren geht. Wenn wir uns auf diesen kleinsten gemeinsamen Nenner geeinigt haben, dann können aus pädagogischen Leerstunden wieder pädagogische Lehrstunden werden. Und dann kommen wir auch wieder voran, wenn wir in den Zug namens Bildung einsteigen, und müssen nicht zurückbleiben.
Wir brauchen wieder ein christliches Menschenbild, auf dem wir unsere Pädagogik aufbauen, oder müssen es zumindest der geheimen Diktatur des Gleich-Gültigen entgegensetzen.

Helmut Zöpfl
Pssst ...
Streng vertraulich –
Postfaktisches über einen Freistaat
SüdOst Verlag